Peter Hahne
Worauf es ankommt

Peter Hahne

Worauf es ankommt

Ullstein

Besuchen Sie uns im Internet:
www.ullstein-taschenbuch.de

Umwelthinweis:
Dieses Buch wurde auf chlor- und säurefreiem Papier gedruckt.

Originalausgabe im Ullstein Taschenbuch
1. Auflage Dezember 2008
4. Auflage 2009
© BILD am SONNTAG, Hamburg, und
Ullstein Buchverlage GmbH, Berlin 2008
Umschlaggestaltung: HildenDesign, München/
Buch und Werbung, Berlin
Titelabbildung: dpa-report
Satz: LVD GmbH, Berlin
Gesetzt aus der Sabon
Druck und Bindearbeiten: CPI – Ebner & Spiegel, Ulm
Printed in Germany
ISBN 978-3-548-37253-2

Inhalt

Ein Wort zu Beginn	11
Über die guten Seiten unserer vier Jahreszeiten	13
Über die Unzufriedenheit als Grundrecht der Deutschen	15
Über deutsche Ängste und Jammern auf hohem Niveau	17
Über Zweifel am Staat und Vertrauen in die Familie	19
Über die Volljährigkeit unseres vereinten Landes	21
Über unser täglich Brot und den respektlosen Umgang damit	23
Über Populismus statt Politik und das Verbieten von Verboten	25
Über öffentlichen Krebs und den sinnvollen Tabubruch	27
Über die Fehler der Ärzte und den neuen Mut zur Wahrheit	29
Über Ärzte in der Kritik und ein Vorbild als Zerrbild	31
Über Frohsinn ohne Alkohol	33
Über die Katastrophe in der Pflege und die Schande für die ganze Gesellschaft	35
Über eine Nieren-Show und tägliche Todesurteile	37

Über moralische Geiselhaft und die Pflicht zur Organspende	39
Über die Taten der Bürokraten und das Verschwenden unserer Zeit	41
Über den Eiertanz im Sommerloch und den Verbotswahn in unserem Land	43
Über den Abdruck im Pass und den Eindruck von Panik	45
Über unsere abgehobene Elite und ihre Höhenflüge	47
Über Betrug als Volkssport und den Zumwinkel in uns allen	49
Über Manager im Knast und die Parallelwelt der Elite	51
Über den Starrsinn der Alten im Umgang mit den Jungen	53
Über einen stillen Helden und den Sieg über unsere Vorurteile	55
Über den Rausch der Jugend und die Sucht nach Geld	57
Über erhöhte Renten und enttäuschte Rentner	59
Über Steuergeld für Senioren und Aussperrung an der Ladenkasse	61
Über die Kritik an den Ärzten und das Lob eines Patienten	63
Über Lehrer in Angst und einen Traumberuf in der Krise	65
Über Schüler in Uniform und den Kampf um andere Klamotten	67

Über die Krawalle von Berlin und die Stunde der Besserwisser	69
Über Ferien mit Kindern und Ebbe in der Kasse	71
Über den Beginn einer Urlaubsreise und das Ende eines Tierlebens	73
Über den Fluch der Eile und das Erlernen der Geduld	75
Über die Krise der UNICEF und die Kinder als Opfer	77
Ist die Jugend einfach nur so oder sind die Erwachsenen schuld?	79
Über Deutsch für Inländer und Englisch für Dummschwätzer	81
Über unsere Rechtschreibung und eine Reform gegen das Volk	83
Über Worte als Waffe und die Pflege der Sprache	85
Über den Papst und die Belebung einer toten Sprache	87
Über die Vermittlung von Nachrichten als Dienstleistung an der Demokratie	89
Über Antworten der Ausländer und Fragen an uns Inländer	91
Über das Handy im Flugzeug und das Gequatsche über den Wolken	93
Über ein verfilmtes Sakrileg und die wahren Probleme der Kirche	95
Über Harry Potter und den Wunsch nach dem ewigen Leben	97

Über Mohammeds Verhöhnung und die Verspottung christlicher Werte	99
Über Angst vor dem Islam und die Relativierung des eigenen Glaubens	101
Über Imame und die Freiheit der Religion	103
Über die Morde im Namen der Ehre und unsere Mitschuld daran	105
Über ein mildes Urteil und klare Bischofsworte	107
Über deutsche Bischöfe als polternde Populisten	109
Die Klatsche aus Rom und die richtige Reaktion darauf	111
Über die Klage mit dem Kreuz und das Kreuz mit den Klagen	113
Über den Dalai Lama und seine wohlfeile Wellness-Lehre	115
Über den Papst und die Teenie-Herzen	117
Über Mönche als Pop-Stars und die wahre Madonna in den Charts	119
Über Kinder und Natur oder Der traurige Sieg der Wirklichkeit	121
Über den Bären-Schock im Land der Kuschel-Teddys	123
Über die Bären von Nürnberg und die Sehnsucht nach dem »neuen Knut«	125
Über den Verlust der Verkäufer und andere Irrwege durch die Servicewüste	127
Über die kleine Welt und Deutsche in aller Welt	129

Über die Katastrophe in Madrid und die Illusion
  vom Leben ohne Risiko 131

Über den Täter von Dresden und die Scharfrichter
  vom Stammtisch 133

Über die Mörder eines Kindes und die Reue
  eines Heuchlers 135

Über Kevin und den Tod der Vorschrift 137

Ein Drama und das alltägliche Grauen als
  Randnotiz 139

Über den wahren Judas und die Sensation
  zu Karfreitag 141

Über die Oster-Botschaft und das Versäumnis
  der Kirchen 143

Über bunte Ostereier und die Auferstehung
  Christi 145

Ostern: Ein Sieg der Liebe, ein Triumph
  der Wahrheit 147

Über die Kirche an Pfingsten und ihren
  vergessenen Geburtstag 150

Über Konsum-Frust und Schenk-Lust 152

Über die Armut der Kinder und die
  Wunschzettel des Überflusses 154

Über das Elend von nebenan und unsere
  Un-Kultur des Wegsehens 156

Über Weihnachten und den armseligen
  Beginn einer perfekten Botschaft 158

Ein Wort zu Beginn

Um heute sagen zu können, worauf es in diesen Zeiten wirklich ankommt, bedarf es eines gesicherten Standpunktes. Klartext statt nichtssagender Belanglosigkeit ist gefragt, ein festes Fundament, das auf den kulturellen Grundwerten menschlichen Zusammenlebens basiert. Doch die geraten allzu häufig in den Hintergrund, werden überlagert durch die gedankenlose Beliebigkeit von Trends und Moden. Die Zahl der Mitmacher und Nachplapperer wächst, während die Kinderarmut erschreckend steigt, Arbeitslose noch stärker ins Abseits gestellt und die alten Leute in Heime abgeschoben werden.

Darüber kann und darf man nicht einfach hinwegsehen und zur Tagesordnung übergehen. Als Christ trete ich mit ganzem Herzen dafür ein, dass der Begriff der Nächstenliebe nicht zum Fremdwort verkümmert.

In meinen Büchern und in meiner wöchentlichen Kolumne Gedanken am Sonntag in der »BILD am Sonntag«, aus der die vorliegende Auswahl aktueller Texte stammt, möchte ich Denkanstöße vermitteln, zur Besinnung auf das Wesentliche einladen. Die Bewahrung der Schöpfung und unserer gemeinsamen Grundwerte stellt eine der ganz großen Herausforderungen dar – für uns alle.

Über die guten Seiten unserer vier Jahreszeiten

Ich kann es einfach nicht mehr hören: Kaum schaltet man sein Radio an, schon gibt's einen Grauschleier-Kommentar zum Wetter. Die Moderatoren überbieten sich im Katastrophen-Tremolo, als stünde die Eiszeit unmittelbar bevor, als sei unser Herbst ein Betriebsunfall der Natur. Schon die Stimme des Sprechers lässt schaudern, wenn sie schauerlich verkündet: »Der Sommer ist vorbei!« – Ja, das sehen wir doch am Kalender. »Heute brauchen Sie einen Pullover!« – Ja, was ist denn schlimm daran? »Heute wird's höchstens sechzehn Grad!« – Ja, wir leben doch nicht in der Sahara...

Auf der Nörgel-Hitliste steht das Wetter ganz oben, noch vor der Gesundheitsreform. Das Klagelied der Meckerer hat viele Strophen. Wir tun fast so, als seien wir ohne Sommersonnenschein nicht überlebensfähig.

Dabei sollten wir froh sein, dass es in unseren Breiten vier so unterschiedliche Jahreszeiten gibt. Jede bietet etwas ganz Besonderes, Einzigartiges und Unverwechselbares, das man genießen statt vermiesen sollte. Viele, die vor dem trüben deutschen Wetter Richtung Mallorca-Sonne oder Florida-Wärme flüchten, erklären auf die Frage, was sie am meisten vermissen: die vier Jahreszeiten.

Ich genieße es, wenn mir an der Nordsee der Wind um die Ohren pfeift. Ein Herbstspaziergang im Berliner Grunewald kann etwas Wunderbares sein. Nach den blühenden Landschaften des Sommers bewundere ich die leuchtende Farbenpracht der Blätter und Bäume. »Wir dürfen dankbar sein, dass Gott uns nie sattsehen lässt, sondern unseren Hunger nach Abwechslung stillt«, sagte mir einmal eine lebenserfahrene Bekannte. Jeden Tag Sonne ist wie jeden Tag Torte: Eintönigkeit wird langweilig, erst neue Eindrücke bringen neue Einsichten. Auch diese: Wer nicht mit dem zufrieden ist, was er hat, der ist meist auch nicht mit dem zufrieden, was er will.

Es ist ja schon schlimm, dass uns der Gemüsestand im Supermarkt jedes Jahreszeitengefühl nimmt. Wer weiß schon noch, wann Erdbeer- oder Traubenzeit ist? Das Wettergemecker ist rückwärtsgewandt. Es kommt jetzt darauf an, gespannt zu warten, was der Herbst zu bieten hat, und nicht dem schönen Sommer nachzutrauern. Und was heißt beim Wetter übrigens »schön«? Während meiner »heute«-Moderationen habe ich mir schnell abgewöhnt, die Wetternachrichten zu kommentieren. »Freuen wir uns, es bleibt trocken und es gibt Sonne pur«, meinte ich und erntete berechtigte Proteste der Bauern: »Die Natur braucht dringend Regen!«

Das Wetter können wir, Gott sei Dank, nicht selbst machen, wir können uns nur dazu passend verhalten. Gewinnen wir also jeder Jahreszeit das Beste ab, um nicht die Freude zu verlieren. Ich habe mir jedenfalls vorgenommen, mich nicht mehr am Lieblingssport der Deutschen zu beteiligen: übers Wetter zu wettern.

Über die Unzufriedenheit als Grundrecht der Deutschen

Haben wir in Deutschland ein Grundrecht auf Unzufriedenheit? Auf den Gedanken komme ich bisweilen nach dem Durchlesen der Post zu meinen Kolumnen.

»Sie sehen die Lage viel zu positiv, fast schon so wie die Kanzlerin in ihren Sonntagsreden«, empört sich eine Leserin. Dabei ist es eine Tatsache, dass viel weniger Menschen arbeitslos sind als noch vor einem Jahr. Und es stimmt einfach nicht, dass unsere ganze Nation von Hungerlöhnen leben muss, wenn man nicht gerade zu den Spitzensportlern oder Managern gehört.

Ein anderer schrieb: »Sie haben doch keine Ahnung, wie es ist, wenn man früh aufstehen und hart arbeiten muss und die Frau noch an der Supermarktkasse sitzt, damit wir über die Runden kommen.«

Erstens liege auch ich nicht den ganzen Tag auf dem Sofa, und zweitens frage ich mich, ob ein solcher Alltag, wie Millionen ihn erleben, wirklich Anlass zur Klage sein muss?

Natürlich gibt es für viele, die plötzlich von Hartz IV leben müssen oder nicht wissen, wie sie die gestiegenen Energie- und Lebensmittelpreise bezahlen sollen, Grund zur Sorge. Genauso viel Grund haben wir, für ein Wirtschafts- und Sozialsystem dankbar zu sein, um das uns Amerikaner oder Engländer beneiden. Nationen übrigens, die ihre Zukunft viel optimistischer sehen als wir.

Wir aber beharren geradezu darauf, dass die Lage aussichtslos und die Zukunft hoffnungslos ist.

Man muss Missstände beklagen, darf aber darüber den Blick für das Ganze nicht verlieren und für das, was um einen herum passiert. Wer überall nur das Negative und nirgendwo mehr das Gute sieht, versinkt in Selbstmitleid und Resignation, statt nach Auswegen zu suchen.

Nein, es gibt kein Grundrecht auf Pessimismus. Schlechte Stimmung ist das Letzte, was wir brauchen.

Versuchen wir's doch einmal mit einem Vorsatz, der weder Zeit noch Anstrengung erfordert, der nichts kostet, aber viel bringt: Positiv in die Zukunft denken.

Gelingt uns das nur zehn Minuten am Tag, haben wir am Jahresende ein dickes Konto mit einem großen Positiv-Plus.

Über deutsche Ängste und Jammern auf hohem Niveau

Ich weiß schon jetzt, was man mir während meiner nächsten USA-Reise dort wieder vorhalten wird: »Ihr Deutschen seid zwar Europameister im Export, aber Weltmeister im Wehklagen.« Obwohl es kaum einem Land der Erde so gut geht, sind wir weltweit für unseren Pessimismus bekannt. Die regelmäßige weltweite Umfrage des Gallup-Instituts ermittelt für Deutschland den größten Anteil von Ängstlichkeit. »German angst« nennen die Amerikaner die Steigerungsstufe von Angst.

Da bin ich doch ganz froh, die neueste Jahresstudie der R+V-Versicherung im Handgepäck zu haben. Bereits zum 17. Mal wurden 2400 Bürger nach ihren Ängsten befragt. Erfreuliches Ergebnis: Im Vergleich zu den Vorjahren sind die Sorgen geringer geworden, allein die Angst um den Verlust des eigenen Jobs ist um 16 Prozentpunkte gesunken. Auch die Angst vor schwerer Krankheit, Vereinsamung, einem geringeren Lebensstandard im Alter und vor der Drogen- und Alkoholsucht der eigenen Kinder ging deutlich zurück. Der sogenannte Angstindex ist laut Umfrage von 51 Prozent im Jahr 2005 auf jetzt 44 Prozent gefallen.

Kaum zu glauben, wovor die Deutschen angesichts von Terrorgefahr und Arbeitslosigkeit tatsächlich Angst haben. Nichts fürchten sie mehr als steigende Preise und die mangelnde Bürgernähe der Politiker.

Warum sprechen wir immer gleich von Angst, die uns befällt, und nicht von Sorgen, die wir haben, von Gedanken, die wir uns machen? Nein, wir nehmen immer gleich das Superwort, zu dem es ja kaum eine Steigerung gibt.

Angst hat etwas Bedrohliches, Ausweglosem und Unabwendbares. Angst hat man vor etwas, gegen das man machtlos ist, das man hinnehmen und ertragen muss. Sorge dagegen hat etwas Aktives. Wer sich um etwas sorgt, hat noch nicht aufgegeben, bleibt motiviert und ist nicht resigniert. »Blinder als blind ist der Ängstliche«, meint der Schriftsteller Max Frisch. Angst ist wie ein Vergrößerungsglas. Man sieht alles viel gewaltiger und bedrohlicher, als es oft in Wirklichkeit ist. Sorgen kann man dagegen teilen.

Besorgniserregend finde ich an dieser Umfrage, dass die Schere zwischen Ost und West immer weiter auseinandergeht. Es gibt ein deutliches Angst-Gefälle von Nordost nach Südwest. Noch nie waren die Ängste der Ostdeutschen so groß. Ursache dafür, so die Studie, ist die hohe Arbeitslosenquote und die enttäuschte Erwartung an den Staat, bei der Lösung persönlicher Probleme behilflich zu sein. Bezeichnend ist jedoch, und nicht nur den Papst wird es freuen, dass die Befragten zuversichtlicher in die Zukunft schauen, die einer christlichen Konfession angehören. Positiver gestimmt sind auch Leute, die sich häufig im Internet informieren. Die wissen offenbar, dass unsere deutsche Ängstlichkeit im internationalen Vergleich immer noch ein Jammern auf hohem Niveau ist.

Über Zweifel am Staat und Vertrauen in die Familie

Die politische Tagesordnung kennt ein häufig wiederkehrendes Topthema: Familie, ein Bereich, der vom früheren Bundeskanzler flapsig unter »Gedöns« zusammengefaßt wurde.

Nunmehr straft eine Umfrage alle Lügen, die meinen, das Kapitel Familie sei zu vernachlässigen. Die Deutschen, so gab das »Forum Familie stark machen« in seinem letzten »Generations-Barometer« bekannt, setzen großes Vertrauen in das angebliche Auslaufmodell. Auf die Frage »Können Sie in schwierigen Zeiten auf die Hilfe Ihrer Familie bauen?« antworteten 81 Prozent klar mit ja. Während vor zehn Jahren nur 24 Prozent der Befragten bereit waren, ihren Verwandten bei Schwierigkeiten zu helfen, sind es jetzt 36. Der vielbeklagte Ego-Trip unserer Gesellschaft, in der jeder nur an sich denkt, allein lebt oder von Familie nichts wissen will, hat mit der Realität wenig zu tun.

Gerade junge Leute suchen Halt und Geborgenheit im sprichwörtlichen Kreis der Familie. Und auch die Singles pendeln entgegen allen Vorurteilen nicht nur zwischen Einsamkeit und Egoismus, sie haben sich keineswegs von ihrer Familie verabschiedet. Denn es sind ja nicht nur die üblichen Generationen, die Familie ausmachen, sondern auch Nichten und Neffen, Patenkinder und Freunde. Ein verwitweter Onkel gilt statistisch als Single, obwohl er sich vielleicht mehr um seine Verwandtschaft kümmert als mancher Familienvater.

Natürlich hat sich das klassische Bild von Familie geändert, sie ist nicht mehr nur auf das Zusammenleben unter einem gemeinsamen Dach beschränkt. Wer sagt denn, dass eine übers ganze Land verstreute Familie nicht zusammenhalten kann? Vielleicht ist ihr Wert in Zeiten von Mobilität und Flexibilität noch viel gewichtiger.

Allerdings hat der so überraschend erhöhte Marktwert von Familie auch seine Schattenseite – eine Ursache, die der Politik zu denken geben muss. Glaubte man früher noch an die Sicherheit von Arbeitsplätzen, Renten und Gesundheitsvorsorge, hat Vater Staat, der einen wie eine Mutter umsorgte, jetzt eher das Image eines Rabenvaters, der einen im Stich lässt.

Kein Wunder, dass man sich wieder auf die besinnt, die einem am nächsten stehen. Und das muss ja nicht unbedingt schlecht sein. Aus dem Auslaufmodell ist ein Prototyp geworden.

Ich finde es erfreulich und erstaunlich, dass in der zitierten Umfrage nur 12 Prozent angeben, sie seien nicht sicher, ob ihre Angehörigen sie unter allen Umständen unterstützen würden. Das bedeutet im Umkehrschluss, 88 Prozent haben eine positive Meinung von ihrer Familie und Verwandtschaft. Wer hätte das gedacht…

Über die Volljährigkeit unseres vereinten Landes

Mittlerweile ist die Wiedervereinigung längst volljährig geworden. Grund genug nachzufragen, was aus dem gemeinsamen »Kind« geworden ist und ob es die Erwartungen einigermaßen erfüllt hat.

Für mich bleibt das Wunder der »Geburt« ein unvergessliches Erlebnis, schließlich war ich mit dabei, wie wir Älteren eigentlich alle dabei waren. Kaum zu glauben, was da stundenlang live in unsere Wohnzimmer flimmerte: Die Mauer, die jahrzehntelang Menschen trennte, war plötzlich offen. Die gewaltlose Revolution der Kerzen und Gebete hatte gesiegt. Es kam wieder zusammen, was zusammengehört.

Sind wir mittlerweile wirklich ein Volk geworden? Ich meine, dass sich das Kind trotz mancher Probleme in der Pubertät prächtig entwickelt hat und richtig erwachsen geworden ist. Kinderkrankheiten? Gibt es trotzdem! Mir ist noch zu viel von »Besser-Wessis« und »Jammer-Ossis« die Rede, von der blödsinnigen »Mauer in den Köpfen« und von denen, die Vergangenheit verklären und Zukunft madigmachen.

Demokratie-Verdrossenheit und Ostalgie sind das Letzte, was wir brauchen. Es ist schlimm, dass es nach wie vor Schlagzeilen wie diese gibt: »Jeder Fünfte will die Mauer zurück« oder »Westdeutsche Schüler wissen nichts von Ostdeutschland«.

Auch der ständige Verweis auf den Geldbeutel des anderen nervt. Ich freue mich mit den Bürgern von Görlitz, weil deren Altstadt dank gesamtdeutscher Solidarität zum Schmuckstück geworden ist. Und ich hoffe für Gelsenkirchen, dass es als Nächstes in den Genuss staatlicher Hilfen kommt. Und ich freue mich, dass mehr als fünf Dutzend ostdeutsche Firmen mit ihren Produkten Weltspitze sind.

Erwachsen gewordene Kinder tragen für sich und ihre Zukunft eigene Verantwortung, abschieben gilt nicht. Deshalb: Schluss mit unserem Lieblingssport Wehleidigkeit! Wir sollten uns immer fragen, was denn die Alternative zum 9. November gewesen wäre.

Der 9. November ist Mahnung und Warnung zugleich, er erinnert uns nämlich auch an die Gewalt gegen jüdische Gotteshäuser 1938. Das nicht zu vergessen bewahrt vor Übermut und falschem Nationalstolz.

Gerade jungen Leuten bietet die Zukunft Chancen, wie sie keine andere Generation je hatte. Deshalb muss unsere Erwartung größer sein als unsere Sorgen. Und unsere Hoffnung größer als manche Enttäuschung.

Über unser täglich Brot und den respektlosen Umgang damit

Damals bei uns zu Hause galten einige Grundsätze, die man vielleicht auch damals schon für altmodisch halten konnte. Andere Richtlinien unserer Erziehung wirken heute im Rückblick natürlich veraltet – aber einige halte ich noch immer für gültig, für richtig und wichtig.

Zum Beispiel die Regel, dass gegessen wird, was auf den Tisch kommt, und nichts fortgeworfen wird, was einmal auf dem Teller liegt.

Umso erstaunter las ich eine Meldung aus den Niederlanden, der zufolge unsere Nachbarn jährlich Lebensmittel im Wert von mehr als drei Milliarden Euro wegwerfen. Wie viel Nahrungsmittel bei uns täglich entsorgt werden, zeigt die Jahresbilanz der Initiative »Deutsche Tafel«: Rund 60 000 Tonnen allein aus Supermärkten und Restaurants bewahrt dieser Verein vor der Vernichtung auf der Müllkippe, indem genießbares Obst, Fleisch und Backwaren an Bedürftige verteilt und nicht vernichtet werden.

Natürlich ist keinem Hungernden dieser Welt geholfen, wenn wir uns in Deutschland dick und krank essen, nur weil uns eingeimpft wird, nichts auf dem Teller liegenzulassen. Doch was hindert uns daran, kleinere Portionen zu nehmen und weniger einzukaufen? Dazu sollten uns Ernährungswissenschaftler erziehen, statt pseudo-fortschrittliche Sprüche zu klopfen wie: »Den Teller leer essen, das gibt es nicht mehr!«

Unsere Kinder leiden auch nicht deshalb an Übergewicht, weil sie gezwungenermaßen zu viel, sondern weil sie das Falsche essen und trinken.

Es sind doch die üppig gefüllten Supermarktregale und verlockenden Großpackungs-Sonderangebote, die uns verführen und die Eigenkontrolle des Körpers versagen lassen. Und die alte Mahnung, dass die Augen nicht größer sein dürfen als der Magen, bewahrheitet sich spätestens am Hotelbüfett, an dem man sich den Teller gedankenlos vollschaufelt. Um ohne schlechtes Gewissen stehenzulassen, was später plötzlich nicht mehr schmeckt...

Die Weisheit der Bibel, in Zeiten des Mangels geschrieben, behält gerade im Überfluss ihre aktuelle Gültigkeit: »Unser täglich Brot gib uns heute« lautet die Bitte im Vaterunser, das uns Jesus Christus lehrte. Es geht um das, was wir heute zum Leben und täglich zum Überleben brauchen. Nicht weniger, aber auch nicht mehr. Nicht meins, sondern unser.

Brot ist heilig, und Heiliges wirft man nicht weg. Es ist lebens-not-wendig, es ist ein Geschenk für den Menschen. Kein Material für den Mülleimer.

Lebensmittel sind Mittel zum Leben. Über den Tiefsinn der Sprache sollte man nachdenken, bevor man Nahrungsmittel wegwirft und vernichtet. Der Respekt vor dem täglichen »Brot« ist eine Charaktereigenschaft und beginnt bereits im Privaten und nicht erst bei Gastronomie und Handel. Zivilisation und Wegwerfmentalität sind krasse Widersprüche.

Über Populismus statt Politik und das Verbieten von Verboten

Wetten, dass es kaum zwei Wochen pro Jahr geben dürfte, in denen nicht irgendein Politiker irgendetwas verbieten will? Als käme das Wort Politik von Populismus, gibt es inzwischen wirklich nichts mehr, wozu unseren Volksvertretern nicht noch ein neues Verbot einfiele. Hauptsache, die Schlagzeile ist fett, auch wenn der Inhalt dürftig ist. Schließlich schadet es ja nichts, nur nützen tut's auch nichts. Mich nervt das, und ich glaube, nicht nur mich. Da säuft sich ein minderjähriger Jüngling mit 45 Tequila ins Koma, schon suchen Populisten ihr Thema. Dem Modesport Kampftrinken wollen eilfertige Gutmenschen mit einem wahren Verbote-Rausch beikommen. Während unsere österreichischen Nachbarn gerade ernsthaft diskutieren, bereits 16-Jährigen das Wahlrecht zu geben, wird bei uns darüber debattiert, junge Leute unter 18 mit einem absoluten Alkoholverbot zu belegen.

Absoluter Unsinn, hirnlose Hilflosigkeit! Kommt denn niemand auf die Idee, durch gutes Vorbild statt durch schlechte Vorschriften Jugendliche von der Gefahr des Alkoholmissbrauchs zu überzeugen?

Wer sich als pubertierender Schüler bewusstlos trinkt, braucht Hilfe (vielleicht auch mal Hiebe ...), aber keine staatlichen Verbote. Die Devise lautet: Das passende Verbot zur richtigen Zeit, und schon haben wir die böse Welt ein bisschen besser gemacht, vor allem aber unser Gewissen beruhigt. Klimakatastrophe? Da verbieten wir doch mal fix die Glühbirnen und die Stand-by-Schaltungen. Wäre doch gelacht, wenn unseren Politikern nichts einfiele.

Diese Möchtegernexperten und Gelegenheitsheuchler haben bestimmt in ihren Büros keine Computer, Faxgeräte oder Anrufbeantworter, denn die erzwingen ja geradezu solche Stand-by-Schaltungen. Doch Fakten stören, solange das Herz so schön ökologisch und bürgernah schlägt.

»Wenn Argumente fehlen, kommt meist ein Verbot heraus«, ätzte einst Erich Kästner. Wer durch verlogenen Aktivismus engagiertes Handeln vortäuscht, enttäuscht die Bürger. Und das sollte man wegen der steigenden Politiker-Verdrossenheit nun wirklich verbieten. Damit uns die Themen bloß nicht ausgehen, verhängen wir noch schnell Verbote gegen Killerspiele und Fernreisen, gegen freie Fahrt auf Autobahnen und in Berlin gegen Kunst- und Flohmärkte an Ostern und Pfingsten...

Es war immer schon bequemer, ein Verbot zu beschließen, statt sich zu entschließen, wirklich wirksam zu handeln: aufklären, erklären, informieren, überzeugen, erziehen...

Wir brauchen eine Verantwortungs-, keine Verbotskultur. Aktionismus kann Analyse und Argumente nicht ersetzen. Ich plädiere für ein Verbot der Verbote, mit vielleicht einer Ausnahme, die den entmündigten Bürger schützt: den Populisten den Mund verbieten. Recht hat der Kollege, der angesichts der Verbotsflut sagte: »Die letzten wirklich vernünftigen Verbote waren die Zehn Gebote.«

Über öffentlichen Krebs und den sinnvollen Tabubruch

Mit drohend großen Buchstaben »Krebs-Angst!« ist die Meldung überschrieben, und mein erster Gedanke war: Hat die das nötig? Muss das sein, solch persönliche Dinge öffentlich auszubreiten?« Doris Schröder-Köpf hat bei einer Buchvorstellung erzählt, dass vor zwanzig Jahren an ihrer linken Hand ein Tumor festgestellt worden ist. »Ich sah mich schon ohne Haare in der Chemo«, erinnert sich die Frau des Exkanzlers und spricht von Todesängsten, die sie in den langen Tagen quälender Ungewissheit ausstand, bis sich herausstellte, dass der Tumor gutartig war.

Müssen Prominente Privates publizieren, statt es im Familienkreis oder unter dem Siegel ärztlicher Verschwiegenheit zu belassen? Will man sich damit bloß auf Titelseiten hieven, sollte man lieber schweigen. Doch Doris Schröder-Köpf ist in diesem Fall zu danken, dass sie aussprach, was anderen Mut macht.

»Der ging es ja genauso wie mir jetzt, und die geht ganz offen damit um«, sagt mir erleichtert eine Bekannte, die in diesen Tagen mit ähnlicher Diagnose im Krankenhaus liegt. Es habe doch keinen Sinn, die Ängste in sich hineinzufressen, weil die Wahrheit so weh tut.

Offenheit und Ehrlichkeit gegenüber sich selbst und anderen ist ein wichtiger Teil erfolgreicher Therapie, sagen die Ärzte. Und deshalb ist es gut, wenn Prominente dabei helfen, Tabuthemen zu brechen.

Warum liest man in Todesanzeigen immer noch von »kurzer schwerer Krankheit« statt ehrlich von Krebs? Und wenn ich den Schauspieler Michael Lesch sehe, dann denke ich jedes Mal daran: Der hat es geschafft, hat den Krebs besiegt und es allen gezeigt, indem er sich nicht versteckte.

Wolfgang Schäubles offensivem Umgang mit seiner Querschnittslähmung ist zu verdanken, dass Behinderte eine Lobby bekamen, sich manche Treppenstufe an öffentlichen Gebäuden in eine Auffahrt verwandelte und Rollstuhlfahrer zum Alltag gehören. Es hilft, wenn ein so erfolgreicher Mann von Selbstzweifeln, Ärger und Ängsten spricht und davon, dass er ohne seine Familie das alles nicht geschafft hätte.

Die verschämt verschwiegene Volkskrankheit Depression wurde durch den Tabubruch des Fußballprofis Sebastian Deisler zum Thema. Der Exnationalspieler gestand freimütig sein wahres Problem: »Mein Knie war kaputt, aber auch mein Kopf.« Um nicht länger die Maske des Coolen tragen zu müssen, lasse er seine Depressionen behandeln.

Schicksalsschläge, Krankheiten und Todesängste gehören zum Leben, und es sollte zur Normalität gehören, dazu zu stehen und offen damit umzugehen. Der Bruch falscher Tabus wirkt befreiend und damit heilend. Es hat also eine tolle Nebenwirkung, wenn Prominente das Risiko eingehen, mit Privatem an die Öffentlichkeit zu gehen.

Über die Fehler der Ärzte und den neuen Mut zur Wahrheit

Kommt jemand ins Krankenhaus und wird dort krank, ist das nur scheinbar ein Widerspruch. Allzu oft hören wir nämlich von spektakulären Therapiepannen, von der vergessenen Schere im Bauch, vertauschten Medikamenten oder versehentlich amputierten Beinen.

Über diese ärztlichen Kunstfehler wird meist kollegial geschwiegen, sie werden heruntergespielt oder schlicht bestritten. Doch 17 deutsche Ärzte, Krankenschwestern und Therapeuten haben nun den Mut gefunden, Klartext zu sprechen.

Sie bekennen sich öffentlich zum Ärztepfusch und zu Missständen in den Krankenhäusern: »Ja, wir haben Fehler gemacht!« Sie wollen damit ihre Kollegen ermutigen, gemeinsam nach den häufigsten Ursachen für Ärzteversagen zu suchen und Abhilfe zu schaffen. Jährlich erleiden rund 130 000 Patienten wegen falscher Behandlung schwere Schäden, 17 000 sterben daran – der Straßenverkehr fordert im selben Zeitraum 5000 Tote.

In einer Broschüre des »Aktionsbündnisses Patientensicherheit« geben die 17 mutigen Tabubrecher eigene Fehler zu. Von einer zu spät erkannten Krebserkrankung bis zur Operation am falschen Knie und der unsachgemäß gesetzten Spritze. Der Präsident der Bundesärztekammer: »Wegschauen ist kein Weg, nur wenn wir über unsere Fehler sprechen lernen, können wir sie auch vermeiden.«

Wichtig ist auch, den Zeitdruck und die ungeheure Arbeitsbelastung vom Klinikpersonal zu nehmen, das für niedrigen Lohn immer noch große Leistung zeigt.

Umso unverständlicher, dass über Kunstfehler bisher nur gemunkelt und gemutmaßt wurde. Auch die Halbgötter in Weiß sind nur Menschen. Ihnen bricht kein Zacken aus der Krone, wenn sie Fehler eingestehen.

Ärztliche Kunst ist ein Handwerk wie das eines Automechanikers, wobei der Kunde sich auf die fachliche Qualifikation verlassen können muss. Pfusch am Bau kann einen teuer zu stehen kommen, Ärztepfusch endet oft tödlich, und das Leben kann einem kein Geld der Welt zurückgeben.

Es hilft Opfern oder Angehörigen, wenn Ärzte Kunstfehler nicht vertuschen. Bisher musste der Kunde Patient hohe Hürden nehmen, um sein Recht auf Schadensersatz einzuklagen. In kaum einer Krankenakte war von medizinischen Missgriffen zu lesen.

Es geht nicht um Hatz gegen das Klinikpersonal. Ärzte gehören nicht an den Pranger, aber von der neuen Offenheit profitieren nicht zuletzt die Mediziner selbst.

Über Ärzte in der Kritik und ein Vorbild als Zerrbild

Ein Kettenraucher hat mir geholfen, auf die Welt zu kommen, und dennoch habe ich in den folgenden fünf Jahrzehnten keine einzige Zigarette angerührt. Der Mann war als lebenslustiger Arzt stadtbekannt, doch Mutter und Kind überstanden die äußerst komplizierte Geburt bestens.

An diesen durchaus dramatischen Beginn meines Lebens musste ich denken, als ich die Meldungen über eine Studie las, die das Institut für Ärztegesundheit verfasst hat. Unter der Schlagzeile »Schlechte Vorbilder für ihre Patienten« wird mit dem Lebensstil unserer Mediziner hart ins Gericht gegangen. Während in den USA nur drei Prozent der Ärzte rauchen, sind es bei uns zwanzig. 38 Prozent der Mediziner haben Übergewicht, knapp die Hälfte treibt keinen Sport.

Alles andere als ein gutes Beispiel für uns Bürger – na und!

Wäre es besser gewesen, meine Mutter wäre damals einem Chirurgen in die Hände gefallen, der zwar als asketisches Musterexemplar den Beifall der Ärztegesundheitsstudie gefunden hätte, aber als Fachmann eine Niete war?

Ärztliche Kunst ist ein Handwerk, das sich an medizinischem Können misst, nicht an der Anzahl der Zigaretten oder der Liebe zum abendlichen Rotwein. Wenn ich meinen Wagen zur Reparatur bringe, will ich mich auf die fachliche Qualifikation des Automechanikers verlassen können und nicht die Stunden zählen, die er im Fitnessstudio zubringt.

Typisch, dass wir sofort das Reflexhämmerchen rausholen, wenn unsere Ärzte so handeln wie der Durchschnitt der Bevölkerung. Wenn sie genauso ungesund leben wie die Mehrzahl ihrer Patienten, dann liegt das in ihrer persönlichen Verantwortung, hat mit ihrer Leistung aber nichts zu tun und untergräbt auch nicht das Vertrauen beim Patienten.

Bei Richtern und Journalisten, bei Lehrerinnen und Hausfrauen frage ich ja auch nicht, ob sie sich richtig ernähren, bevor ich sie auf die Menschheit loslasse.

Von einem Arzt erwarte ich, dass er sein Handwerk versteht, anständige Arbeit leistet, ordentlich abrechnet und keine Kunstfehler macht. Was er in der Mittagspause isst oder nach Feierabend trinkt, ist sein Privatvergnügen, solange er dadurch nicht berufsunfähig wird.

Deshalb finde ich es falsch, die Ärzte an den Pranger zu stellen und von ihnen eine besondere Vorbildrolle in unserer Gesellschaft zu erwarten. Dann müssten Polizisten mit Punkten in Flensburg oder Lehrer mit schwarzfahrenden Kindern auch aus dem Dienst entfernt werden.

Vielleicht hilft bei der ganzen Diskussion der vorbildliche Ratschlag, den ich in antikem Rahmen und Sütterlin-Schrift im Wartezimmer eines beliebten und fähigen Hausarztes las: »Sei nicht dumm, mach's wie dein Arzt: Trinke Rotwein und werde uralt.«

Über Frohsinn ohne Alkohol

Kaum eine Karnevalssitzung ohne das launige Stimmungslied des legendären Willy Millowitsch »Schnaps, das war sein letztes Wort ...« Doch statt von den besungenen »Englein« werden die Alkoholleichen von Notärzten fortgetragen.

Es sind alarmierende Zahlen, die von Experten der Deutschen Hauptstelle für Suchtfragen (DHS) vorgelegt werden. Das Einstiegsalter für die Volksdroge Nummer eins sinkt dramatisch – quer durch alle sozialen Schichten. Bundesweit sind eine halbe Million junger Leute alkoholabhängig, rund ein Viertel aller 12- bis 17-Jährigen konsumiert exzessiv Hochprozentiges. Die Zahl der Kinder und Jugendlichen, die wegen akuter Alkoholvergiftung ins Krankenhaus eingeliefert werden, hat sich seit dem Jahr 2000 mehr als verdoppelt.

Beim verzweifelten Versuch, junge Leute von der Flasche fern- und von Vandalismus abzuhalten, greifen einige Städte jetzt zu radikalen Methoden. Wie in Freiburg oder Marburg bereits erprobt, herrscht neuerdings auch in Magdeburg auf bestimmten Straßen und Plätzen Alkoholverbot. In Berlin und Hamburg wird Ähnliches diskutiert. Immer häufiger werden Jugendliche aufgefunden, die nach einer durchzechten Nacht besinnungslos auf einer Parkbank liegen und nicht mehr ansprechbar sind.

Diese Bannmeilen für Hochprozentiges sind jedoch kein Allheilmittel. Experten setzen auf Aufklärung in den Schulen und auf das Vorbild der Eltern. Jede Flasche Alkohol, die Jugendliche trinken, geht durch die Hände von Erwachsenen. Dass dabei die Gesetze zum Jugendschutz eingehalten werden, widerspricht leider jeglicher Lebenserfahrung. Stichproben in Supermärkten und Tankstellen beweisen, dass zwar die Paragraphen des Gesetzes an der Wand hängen, sich an der Kasse aber keiner um das Alter der Alkoholkäufer schert.

Suchtexperten fordern, dass die Steuer erhöht und der Schnaps teurer werden muss, um Jugendliche vom Trinken abzuhalten. Bei den verführerisch-süßen hochprozentigen Alcopops ist das gelungen. Der Absatz der gefährlichen Droge brach ein, als die Preise deutlich stiegen.

Doch weder mit Tabus noch mit Verboten kommt man an die Ursachen heran. Hinter jeder Sucht steckt eine Sehnsucht. Der Umgang mit Alkohol muss gelernt und darf nicht verharmlost werden.

»Wein erfreut des Menschen Herz«, heißt es schon in den Psalmen der Bibel zum richtigen Gebrauch des Alkohols. Missbrauch führt trotz schönster Schunkellieder ins Leid. Richtig ist: In Maßen genießen, nicht in Massen versaufen.

Selbst die tollen Tage sind nüchtern viel schöner, meinen prominente Mainzer Karnevalisten mit ihrer Aktion »Helau ohne Koma«. Man wolle den Alkohol nicht verteufeln, doch Saufen habe mit Fastnacht und Frohsinn nichts zu tun. Auch ohne übermäßigen Alkoholkonsum kann man massenhaft Spaß haben. Es lohnt sich, das unseren Kindern und Jugendlichen zu beweisen.

Über die Katastrophe in der Pflege und die Schande für die ganze Gesellschaft

Ob man es nun als »Pflegekatastrophe« oder als »Qualitätsproblem« bezeichnet – an der Sache ändert das keinen Deut: Die Missstände bei der Altenpflege schreien zum Himmel und sind eine Schande für unsere ganze Gesellschaft. Entlarvend ist die Sprache allerdings, wenn man von Pflegefällen spricht, als seien die alten Leute Objekte, die sich betriebswirtschaftlich abwickeln lassen, und keine Menschen, die Kinder aufgezogen und unseren Wohlstand aufgebaut haben. Und genau die werden in einer Weise schäbig behandelt, dass es einem schlecht werden kann.

Überforderte und unterbezahlte Pflegekräfte, wundgelegene und verdurstende Heimbewohner – der Schock über den Prüfbericht des Medizinischen Dienstes der Krankenkassen sitzt tief.

Er liest sich wie Meldungen aus einem Entwicklungsland und nicht aus einer der reichsten Nationen der Erde: Fast jeder dritte Pflegebedürftige bekommt nicht genug zu essen und zu trinken, gut ein Drittel wird nicht häufig genug umgebettet, die Inkontinenzversorgung ist mangehaft.

Mir nützen Erklärungen und Begründungen bei solch dramatischen Zahlen herzlich wenig, mich packt ein wütendes Unverständnis. Ein Land, das sich fast alles leisten kann, sollte sich solche Schlagzeilen nicht leisten. Es geht um unsere Mütter und Väter, ja es geht eines Tages um uns selbst!

Wir brauchen jetzt kein bürokratisches Monstrum namens Reform, wir brauchen als politische Chefsache einen großen Geldtopf als Sofortmaßnahme. Wir brauchen strengere Kontrollen und härtere Konsequenzen. Während wir alles nur Mögliche reglementieren und kontrollieren, fehlt ein Pflege-TÜV, der den schwarzen Schafen auf die Schliche kommt, denen mehr am Mammon als an Menschlichkeit gelegen ist. Wir brauchen mehr gut ausgebildete Pflegekräfte, und die brauchen eine bessere Bezahlung.

Was finanziell zu machen ist, sollte der Staat jetzt schnell tun. Und was kein Gesetzgeber regeln kann, sollten wir alle bieten: Zuwendung und Zeit und engagierte Nächstenliebe gegen die organisierte Lieblosigkeit.

Eine Gesellschaft, in der Gefühlskälte den Gemeinsinn abgelöst hat, muss im Dienst für die Schwächsten jetzt ihre Stärken zeigen.

Wer heute auf Pflege angewiesen ist, hat gestern den Wohlstand erarbeitet und Steuern und Beiträge bezahlt. Altersgerechte Pflege ist kein Almosen, sondern ein Menschenrecht.

Die Berichte über Kinderarmut und Pflegenotstand sind das denkbar schlechteste Zeugnis für unser Land.

Über eine Nieren-Show und tägliche Todesurteile

Es ist also wieder mal alles ganz anders gekommen und endete mit einem Paukenschlag. Aus dem Kreuzfeuer der Kritik, auf dessen Höhepunkt Hollands Ministerpräsident Balkenende »um das Ansehen der Niederlande im Ausland« bangte, wurde eine Lobeshymne. Mit dem Mediencoup sei das »phantastische Kunststück« gelungen, auf intelligente Weise Aufmerksamkeit auf ein lebenswichtiges Thema zu lenken, meinte schließlich Bildungsminister Plasterk, der zuvor zu den schärfsten Kritikern gehört hatte.

In der Tat: Die Rechnung der TV-Macher ist aufgegangen. Tagelang stritt sich halb Europa, ob die »Organspende-Show« nach dem Motto »Holland sucht den Nieren-Star« nicht ein moralischer Super-GAU sei. In der Sendung wollte sich eine an einem Hirntumor erkrankte Frau entscheiden, welcher von drei Kandidaten nach ihrem Tod eine ihrer Nieren erhält. Erst gegen Ende der vermeintlichen Reality-Show enthüllte der Moderator: Die angeblich todkranke Lisa war eine Schauspielerin, die Sendung inszeniert.

War deshalb auch die ganze Aufregung umsonst? Ich meine nein. Denn brutal real bleibt das eigentliche Problem, auf das diese Sendung mit umstrittenen Mitteln aufmerksam machen wollte: Täglich müssen Menschen sterben, weil es nicht genug Spenderorgane gibt. Das ist der eigentliche Skandal, nicht die Show. Die Gutmenschen hatten sich im Wett-Wettern wieder mal übertroffen. Die Palette des Verdammungsvokabulars für Abscheu und Empörung war breit: geschmacklos, pervers, makaber, widerlich, sensationsgierig. Wenn die Betroffenheitsspezialisten selbst einen Spenderausweis besäßen oder wirksam darüber informierten, bräuchten wir solche Tabubrüche gar nicht.

Skandalös ist, dass wir Tag für Tag Todesurteile über hilflose Menschen fällen, ohne betroffen oder empört zu sein. Täglich sterben drei Menschen in unserem Land, weil das lebensrettende Organ fehlt. Der Bedarf an Spenderorganen wird immer größer, die Wartelisten immer länger, und immer noch haben nur zwölf Prozent aller Deutschen einen Ausweis.

Das griechische Grundwort »skandalon« bedeutet: Ärgernis oder Anstoß erregen. Insofern sollte dieser TV-Skandal zur Herausforderung werden, damit es niemals mehr nötig ist, mit der umstrittenen Methode einer solchen »Nieren-Show« auf ein solch tragisches Problem hinzuweisen.

Auch der beste Zweck heiligt nicht jedes Mittel, das bleibt wahr. Aber unsere Gesellschaft scheint derart abgestumpft und gleichgültig, dass ein solcher Schock wie diese Show ganz heilsam ist. Noch wichtiger ist jedoch sachliche Aufklärung mit menschlichen Beispielen und ergreifenden Schicksalen, die Herz und Verstand erreichen, damit jeder in der Lage ist, gut informiert zu überlegen, doch selbst einen Spenderausweis zu unterschreiben.

Über moralische Geiselhaft und die Pflicht zur Organspende

Ich habe Glück, genauso wie beispielsweise auch Papst Benedikt XVI. oder DJ Bobo. Sollten wir jemals so krank werden, dass uns nur noch eine fremde Niere oder Lunge retten kann, stehen unsere Chancen gut. Wir haben nämlich einen Spenderausweis, und den sollte man unbedingt besitzen, falls man selbst mal eine Organspende benötigt. Diese makabre Rechnung macht der Präsident der Deutschen Gesellschaft für Innere Medizin, Manfred Weber, auf und sagt angesichts des dramatischen Organmangels vieldeutig: Wer seinen Beitrag verweigert, soll auch Nachteile bei einer eventuell fälligen Transplantation hinnehmen müssen. Diese Logik, konsequent weitergedacht, würde zum Beispiel bedeuten, dass Ärzte sich bei einem Unfall auch zuerst um die Opfer kümmern müssten, die das Unglück nicht verschuldet haben ... Bei einer so persönlichen Entscheidung in einer derart sensiblen Frage will ich Argumente hören, aber nicht die Pistole auf der Brust spüren!

Webers Vorschlag, die Bürger künftig bei der Passverlängerung verbindlich zu fragen, ob sie nach ihrem Tod Organe zur Verfügung stellen wollen oder nicht, kommt einer Nötigung gleich.

Täglich sterben drei Menschen in Deutschland, weil das lebensrettende Organ nicht vorhanden ist. Der Bedarf an Spenderorganen wird immer größer, die Wartelisten immer länger – und immer noch haben nur zwölf

Prozent aller Deutschen einen Ausweis. Eine todbringende Nachlässigkeit, die jedoch eher für unzureichende Aufklärung als für mangelnde Nächstenliebe spricht.

Um die Zahl der Organspenden zu erhöhen, fordert der Nationale Ethikrat nun ein Gesetz, nach dem künftig Organe von Verstorbenen immer dann entnommen werden können, wenn diese zu Lebzeiten nicht ausdrücklich widersprochen haben und auch die Angehörigen keine Einwände erheben. Schließlich befürworteten doch ohnehin über 80 Prozent der Deutschen die Organspenden. Was so logisch und menschenfreundlich klingt, hat jedoch einen entscheidenden Haken: An die Stelle meiner ausdrücklichen Zustimmung träte eine Zustimmungsvermutung, genau genommen eine Fremdbestimmung meines Selbstbestimmungsrechts. Und dieses Recht ist ein Teil meiner Menschenwürde, die auch im Tod unantastbar ist und durch das Grundgesetz gesichert wird. Mit der Gleichung »Wer schweigt, stimmt zu« wird mir dieses Recht genommen, denn es gehört zur Freiheit, sich nicht entscheiden zu müssen. Wer das bisherige Recht, freiwillig einen Ausweis zu besitzen, auf den Kopf stellen will, nimmt mich in moralische Geiselhaft. Unter der Flagge der Solidarität entsteht ein Druck, als gäbe es unter anständigen Menschen keine andere Wahl als die zur Organspende. Auch der beste Zweck darf die Mittel nicht heiligen.

Über die Taten der Bürokraten und das Verschwenden unserer Zeit

Bürokratieabbau ist das Modewort jeder Regierung. Kaum kommt eine neue ins Amt, schon gibt es Beauftragte und Kommissionen, die das Hauptärgernis von uns Bürgern und Steuerzahlern bekämpfen soll. Über nichts wird nämlich mehr gelästert und geschimpft als über die Schikanen der Behörden, den Dschungel der Paragraphen und die Flut von Formularen.

Auch die Große Koalition zeigt sich entschlossen, das Thema Bürokratieabbau auf die europäische Tagesordnung zu setzen, weil immer mehr dieser ärgerlichen Vorschriften aus Brüssel kommen. Doch so ist nun mal die Logik der Politik, dass dazu erst mal ein neues bürokratisches Monstrum geschaffen wird, und sei es ein neues Wort-Ungetüm aus der unerschöpflichen Requisitenkammer sprachlicher Folterinstrumente.

»Gesetzesfolgenabschätzung« heißt der Gruselbegriff, der auf einen einfachen Nenner zu bringen wäre, hätten die Damen und Herren vom wissenschaftlichen Beirat Kontakt zu ganz normalen Menschen.

Es geht schlicht und ergreifend darum, dass künftig jedes Gesetz daraufhin überprüft werden soll, welche Folgen es für den Bürger hat. Eine der Hauptfolgen deutscher Gesetzes- und Regelungsflut ist es, dass wir immer mehr unserer Zeit an die Bürokratie verlieren. Das haben die Beiratsexperten richtig errechnet, und wir können nur hoffen, dass aus Worten Taten, aus Erkenntnissen Ergebnisse werden.

Die Berliner Ministerialbeamten sprechen voller Selbsterkenntnis von schleichender Entmündigung des Bürgers, der bei immer komplizierter werdenden Verträgen und Formularen »Bürokratie-Experten« wie Rechtsanwälte und Steuerberater zu Rate ziehen muss.

Das kostet Geld und Zeit, beides könnte man sparen, würden sich die Behörden überflüssige Bürokratie sparen. Wir sollten uns endlich mal von der sprichwörtlichen deutschen Gründlichkeit befreien, alles regulieren und reglementieren zu müssen. Warum kompliziert, wenn's auch einfach geht?

Während wir zum Beispiel längst online und per Internet einkaufen, Reisen buchen oder Bankgeschäfte erledigen, müssen wir uns für Führerscheine und Personalausweise in lange Schlangen einreihen, handschriftlich Formulare ausfüllen, genormte Fotos vorbeibringen und das Ganze mit ebensolchem Zeitaufwand persönlich abholen.

Wenn die Bank schon Aufträge per Computer akzeptiert, warum nicht auch Behörden? Viele Bundesländer haben in diesen Tagen neue Gesetze zum Ladenschluss beschlossen. Die Letzten, die noch an starren Bürozeiten festhalten, sind Bürokraten. Was Verkäuferinnen zuzumuten ist, sollten auch Beamte leisten können.

Unsere Lebenszeit ist zu kostbar, um mit überflüssiger und vorsintflutlicher Bürokratie verplempert zu werden.

Über den Eiertanz im Sommerloch und den Verbotswahn in unserem Land

Nachdem die Kinderkommission des Bundestages zunächst einen peinlichen Eiertanz im Sommerloch vollführte, will sie jetzt doch einsichtig auf ein angedachtes Verbot der beliebten Überraschungseier verzichten.

Aber sollten wir nicht lieber auf Politiker verzichten, die einen solchen Unsinn planten und offenbar unterbeschäftigt und überfordert sind? Dieser Verbotsvorschlag war hohler als das Ei, dem man an die Pelle wollte. Als hätten wir keine anderen Probleme, wollten die Kinder-Überwachungs-Kommissare das legendäre Schoko-Ei auf den Index setzen, um eine »Koppelung von Nahrungsmittel und Spielzeug« zu vermeiden, wie es in einem dreiseitigen Verbotspapier auf Bürokratendeutsch heißt.

Diese Ü-Ei-Verordnung hätte Millionen großer und kleiner Kinder getroffen, die seit 1974 jenes Kultobjekt kaufen und sammeln, für das es allein in Deutschland 150 Internet-Tauschbörsen gibt. Um ihre Zeit totzuschlagen, ist den Windei-Produzenten zuzutrauen, dass sie bald die Helmpflicht im Kinderwagen oder eine Backformverordnung für den Buddelkasten anmahnen.

Dabei hat uns die Politik das genaue Gegenteil versprochen: Entbürokratisierung heißt das Zauberwort. Doch es scheint, als bedürfe es in Deutschland zehn neuer Gesetze, um ein altes abzuschaffen. Jüngstes Paradebeispiel: das Rauchverbot und die Eck-Kneipe.

Indem man das Verbot kippte, erfand man schnell ein paar neue.

Rauchen ist künftig nur dort erlaubt, wo »zubereitete Speisen« verboten werden. Durch einen Paragraphendschungel auf dem Weg nach Absurdistan wird nun exakt bestimmt, was solche Speisen genau sind. Darf ich zum Beispiel die zu Hause gebratene Bulette öffentlich essen, oder sind nur Würstchen aus der Vakuumfolie erlaubt?

Der Verbotswahn trägt bei uns pathologische Züge, das Gesetzemachen wird zur olympischen Disziplin.

Je mehr geregelt wird, desto unmündiger werden die Bürger. Unsere Verbotskultur raubt den Menschen nicht nur die Freiheit, sie nimmt auch die Verantwortung. Wenn doch alles geregelt ist, bleiben Einsicht und Rücksicht auf der Strecke. Da ruft man lieber die Polizei, statt Hirn und Herz zu befragen und sich selbst zu kümmern. Es wird Zeit, gegen die Gesetzesflut Deiche zu bauen.

Über den Abdruck im Pass und den Eindruck von Panik

Ob das bereits der nächste Schritt zum Überwachungsstaat ist? Werden wir jetzt wie Schwerverbrecher behandelt, wenn wir zum Einwohnermeldeamt gehen, um einen neuen Reisepass zu beantragen?

Liest man die Schlagzeilen dieser Tage, so wird man den Eindruck nicht los, dass deutsche Amtsstuben zur »Derrick«-Kulisse werden, wo man mit Stempelkissen und allen Schikanen erkennungsdienstlich behandelt wird.

Doch wenn ich dem Beamten künftig mit meinem Antrag gegenübersitze, ist das kein »Fall für zwei«, es geht nur um einen schlichten digitalen Daumendruck, kurz auf die Glasscheibe eines Scanners gepresst. Fertig.

Deutschland setzt damit als erstes Land ein EU-Gesetz um, wonach bis 2009 in Reisepässen der gesamten Europäischen Union neben einem digitalisierten Foto auch die Zeigefingerabdrücke beider Hände gespeichert werden müssen. Das soll den Pass fälschungssicherer machen, Grenzkontrollen erleichtern und Kriminellen das Handwerk legen.

Datenschützer warnen nun davor, dass mit immer mehr gespeicherten persönlichen Daten auch immer mehr staatlicher Missbrauch getrieben werden kann.

So berechtigt diese Sorge ist, so habe ich doch weniger vor unserem demokratisch organisierten Rechtsstaat Angst als vor der organisierten Kriminalität, die zum Beispiel mit Hilfe der jetzigen Pässe munter Menschenhandel betreibt.

In Zeiten zunehmender Terrorgefahr dient es meiner Sicherheit, wenn unsere Behörden zumindest versuchen, den Kriminellen auch technologisch einen Schritt voraus zu sein – auch auf die Gefahr hin, dass meine Daten mit minimaler Wahrscheinlichkeit einmal in falsche Hände gelangen.

Vor einigen Wochen landete ich in Los Angeles, und alle, meist deutsche Passagiere, ließen die Einreiseprozedur ohne Murren über sich ergehen. Die meisten Mitreisenden hatten sogar Spaß daran, starren Blicks ihre Augeniris vermessen zu lassen und dem digitalen Lesegerät einen Fingerabdruck zu geben. Von Überwachungsstaat und Willkürherrschaft habe ich nichts gehört, aber viel über Terrorangst und Sicherheitsbedürfnis.

Der Staat ist zum Schutz seiner Bürger per Verfassung verpflichtet. Wenn er dazu biometrische Daten auf Personaldokumenten braucht, dann ist das kein Weltuntergang, dann tut er seine Pflicht.

Und solange es Datenschützer und demokratische Kontrollgremien gibt, muss niemand Angst haben. Wer diese jetzt schürt, macht sich zum Erfüllungsgehilfen derer, die zu bekämpfen er vorgibt.

Über unsere abgehobene Elite und ihre Höhenflüge

»Vielleicht wollte er ja auch nur seinen Arbeitgeber schädigen, wo er kann!« Mein Taxifahrer zeigte noch Humor, wo andere nur noch nackte Wut packt. Denn wie abgehoben muss ein Gewerkschafter sein, der im 1.-Klasse-Oberdeck einer Lufthansa-Boeing kostenlos in den Südsee-Urlaub fliegt, während seine Kollegen eben diese Fluglinie bestreiken.

Was der grüne ver.di-Chef Frank Bsirske sich da geleistet hat, ist zwar völlig legal, aber absolut nicht in Ordnung. Als Lufthansa-Aufsichtsrat steht ihm der Gratisflug zu, für den der normale Passagier mindestens 10 000 Euro hinblättern muss. Doch nicht alles, was man tun darf, darf man auch tun. Nicht alles, was einem zusteht, steht einem auch gut zu Gesicht.

Meine Großmutter, die weder Management-Seminare noch Ethik-Kurse besucht hat, handelte nach einer ganz praktischen Philosophie: »Das gehört sich nicht!« Diese Weisheit war Grundsatz und Maßstab ihres Handelns, darauf gründete sie ihr Urteil und daran nahm sie Maß, um der Maßlosigkeit zu wehren.

Anstand scheint ein Fremdwort geworden zu sein, Fingerspitzengefühl ist aus der Mode gekommen. Wenn die Absahner den eigenen Vorteil suchen, finden sich Tugenden wie Glaubwürdigkeit und Vertrauen auf dem Abstellgleis. Transnet-Chef Norbert Hansen zum Beispiel schaffte es beispielsweise vom Gewerkschaftsboss in die Führungsetage der Deutschen Bahn. Mit den Seiten wechselte er auch gleich die Gesinnung und forderte von den Beschäftigten mehr Flexibilität: Ein Bahnbeamter könne auch mal kurz durchwischen, wenn ein Abteil zugemüllt ist. Ein Lokführer als Putzfrau, ein Arbeiterführer als Luxusflieger – verkehrte Welt!

Was waren das für Zeiten, als ein Georg Leber, gelernter Maurer und Chef der damaligen IG Bau-Steine-Erden, nicht seine eigenen, sondern die Arbeitnehmer-Interessen vertrat. Oder sein Nachfolger als Verteidigungsminister, der Sozialdemokrat Hans Apel. Diese redlichen Leute ohne Skandale wirken wie von einem anderen Stern, obwohl ihre Zeit noch gar nicht so lange her ist. Wenn die heutige Elite schon nicht mehr weiß, was sich gehört, dann sollte sie sich doch zumindest davon abschrecken lassen, dass nun mal nichts geheim bleibt. Oder war Herr Bsirske wirklich so naiv zu glauben, er könne gratis fliegen, ohne aufzufliegen? Wenn man schon keinen Anstand in die Wiege gelegt bekam, dann sollte einen doch wenigstens die Angst vor Entdeckung vom Fehlverhalten abbringen.

Über Betrug als Volkssport und den Zumwinkel in uns allen

Er nennt sich »Code of Conduct« und ist seit 2006 das »Grundgesetz« der Deutschen Post. Einer der Kernsätze dieses für alle 470 000 Mitarbeiter verbindlichen Moral-Kodex lautet: »Es gibt keine Alternative zu persönlicher Integrität.« Jeder müsse sich jederzeit die Frage stellen, ob seine Handlung einer öffentlichen Prüfung standhält.

Ausgerechnet der Mann an der Spitze des Unternehmens hat das unterlassen, was für jeden Mindestlohnempfänger ehernes Gesetz sein soll und bei Verstoß ein Kündigungsgrund ist. Klaus Zumwinkel hat zwar mittlerweile die Flucht aus der Chefetage angetreten, aber einen Scherbenhaufen hinterlassen.

Es tut einem fast weh, dass sich wieder einmal all die Vorurteile gegen unsere raffgierige und skrupellose Wirtschaftselite zu bestätigen scheinen. Der Schaden, den der Postchef angerichtet hat, geht weit über die hinterzogenen Steuermillionen hinaus.

Was muss jemand denken, der sein Leben lang brav seine Steuern bezahlt hat, jetzt mit immer weniger Rente auskommen muss und nun die schwindelerregenden Millionensummen im Fall Zumwinkel liest? Diese Herrschaften kriegen den Hals nicht voll und entziehen dem Staat, in dem sie üppige Managergehälter verdienen können, sogar noch die Zinssteuer.

Das Ideal vom ehrbaren Kaufmann ist längst passé, jetzt wird belohnt, wer besonders clever ist. Wie aus einer anderen Welt klingt der Rat des hanseatischen Kaufmanns aus Thomas Manns »Buddenbrooks«: »Mein Sohn, sei mit Lust bei den Geschäften am Tage, aber mache nur solche, dass wir bei Nacht ruhig schlafen können.« Doch von kollektiver Schlaflosigkeit ist nichts zu spüren in unserem Land, in dem Steuerhinterziehung inzwischen als Volkssport gilt. Steckt nicht in vielen, die jetzt die große Moralkeule schwingen, selbst ein bisschen Zumwinkel?

Die Abneigung gegen das Finanzamt beginnt ja nicht erst bei der Geld-Elite. Es gibt Schwarzarbeit in gigantischem Ausmaß und massenhafte Mini-Manipulationen bei der persönlichen Steuererklärung: ein paar Kilometer bei den Fahrtkosten draufsatteln, den Computer für die Tochter als berufliches Arbeitsmittel absetzen und die familiäre Bewirtung unter Geschäftskosten abbuchen.

Wer's nicht macht, gilt als blöd.

Wir haben null schlechtes Gewissen und trösten uns damit, dass Steuerhinterziehung bei diesem raffgierigen Staat ohnehin ein Akt von Notwehr ist.

Es gibt aber keine großen und kleinen Sünder, es gibt nur Sünder.

Für seine Leistungen ist der Sozialstaat auf den gerechten Beitrag seiner Bürger angewiesen. Steuerbetrug ist kein Kavaliersdelikt, er ist eine Straftat zum Nachteil der Mitbürger.

Über Manager im Knast und die Parallelwelt der Elite

Auf Prominenz scheint die Justiz keine Rücksicht mehr zu nehmen, das ist die gute Nachricht. Letzte Woche ein Postchef vor laufenden Kameras auf der Fahrt zum Verhör, jetzt ein VW-Betriebsrat auf dem Weg in den Knast. Die härteste Strafe müssen sie schon mal abbüßen, ganz gleich, wie hoch das richterliche Strafmaß letztlich ist: den gesellschaftlichen Absturz, die öffentliche Ächtung. Der Ex-Betriebsratschef von VW, Klaus Volkerts, soll für zwei Jahre und neun Monate ins Gefängnis. Ein Urteil im Namen des Volkes.

Was sich hinter dem Vorwurf »Anstiftung und Beihilfe zur Untreue« verbirgt, klingt im Klartext so: Die Zusammenarbeit von Betriebsrat und Konzernführung lief wie geschmiert, regelmäßig gab es Geschenke für Geliebte, Lustreisen und Bordellbesuche auf Firmenkosten. Ein Filmdrehbuch könnte nicht spannender sein.

Wenn das Ganze nur nicht so traurig wäre! So haben die Wolfsburger Sonnenkönige der Marke VW genauso geschadet wie dem Modell der betrieblichen Mitbestimmung. Diese Gernegroße, die jeden Anstand vermissen lassen und ihre Positionen schamlos missbrauchen, untergraben jedes Vertrauen in Führungspersonen und bringen die moralischen Fundamente unserer Gesellschaft zum Einsturz.

Für den Zusammenhalt sind letztverbindliche Werte lebenswichtig. Das Versagen der Eliten gefährdet die

Akzeptanz unserer Rechtsordnung. Wenn einzelne Leistungsträger, die mehr oder weniger zufällig auffliegen, so viel kriminelle Energie aufbringen, dann traut man »denen da oben« bald alles zu. Das ist der eigentliche Schaden, der mit noch so harten Geld- und Gefängnisstrafen nicht gutzumachen ist.

Unsere Wirtschaftselite scheint sich in eine Parallelwelt verabschiedet zu haben, die sich einfach ihre eigenen Gesetze macht, in der Tricksen, Tarnen und Täuschen Volkssport sind.

Meilenweit haben sich manche Top-Leute vom Empfinden des Normalbürgers entfernt. Während Arbeitnehmer und Rentner immer mehr Einbußen hinnehmen müssen, gilt in jener anderen Welt das Faustrecht von Selbstbedienung und Korruption. Raffgierige Reiche hinterziehen Steuern, Manager schustern sich astronomische Abfindungen zu. Als würden Recht und Gesetz ab einer bestimmten Einkommensgruppe nicht mehr gelten. Zum Zusammenhalt bedarf es allgemeingültiger Maßstäbe und eines gemeinsamen Gefühls dafür, was anständig ist und was nicht. Gefordert sind jetzt die, die das noch wissen und praktizieren.

Über den Starrsinn der Alten im Umgang mit den Jungen

Von der heutigen Jugend kann doch keiner was lernen! Dieses Urteil steht bei vielen Älteren fest gemauert wie die »Form, aus Lehm gebrannt« in Schillers »Glocke«, die sie meist noch auswendig gelernt haben. Höchstens bei der Beurteilung der eigenen Enkelkinder machen sie mal eine gnädige Ausnahme. Doch dieses Pauschalurteil ist ein Vorurteil, ja eine Verurteilung der jungen Generation. Das sind nämlich nicht alles pöbelnde Schläger, ungezogene Randalierer oder unhöfliche Faulenzer.

Man muss nur die Augen aufmachen, um festzustellen, dass man von diesen Jugendlichen viel lernen kann – vor allem ihre Lernfähigkeit. Die sind nämlich nicht alters-starrsinnig, nicht festgefahren in ihren Meinungen und unbeweglich in ihrem Verhalten, sie sind sogar bereit – auch das widerspricht allen Vorurteilen –, von uns Älteren zu lernen. Warum also nicht umgekehrt? Schlimm, dass daran so wenig Interesse besteht.

Eine Umfrage des »Forums Familie stark machen« bestätigt das. Senioren sind demnach nur in sehr begrenztem Umfang bereit, von den Jugendlichen etwas zu lernen. Genannt wird lediglich das Erwartbare: Computer, Technik und die Aufgeschlossenheit für Neues. Respekt, Geduld und Hilfsbereitschaft rangieren ganz unten, als hätten die jungen Leute da nichts zu bieten. Ich erlebe das anders, zum Beispiel unlängst beim Einkaufen im Supermarkt. Als die Kassenrolle nicht schnell genug gewechselt wurde und eine Mutter zu langsam zahlte, weil ihr Kind auf dem Arm quengelte, drängten die Rentner ungeduldig auf Eile. Die Jungen blieben dagegen cool.

Ich bin ja selbst schon im »Mittelalter« angekommen, deshalb brauchen sich ältere Leser nicht pauschal abgeurteilt zu fühlen. Aber ich finde es einfach jammerschade, wenn wir die jungen Leute auf Computer und Technik reduzieren. Sie mögen zwar wenig Lebenserfahrung haben, aber doch eine unkomplizierte Lebensart, ohne die unsere Gesellschaft ärmer wäre. Ihre Leichtigkeit bewahrt uns vor krampfhafter Korrektheit. Sie sind mobil und flexibel, sie sind kommunikativ und gehen auf Menschen zu.

Solche Eigenschaften können uns Ältere vor Einsamkeit bewahren, die für viele ein ständiger Begleiter ist. Junge Leute denken nicht dauernd über Krankheiten und Sorgen nach, für viele Senioren ist das oft das einzige Thema.

Und die alte Erkenntnis, so banal sie auch klingen mag, bleibt aktuell: Wer sich mit Jugend umgibt, bleibt selber jung. Wer von ihr lernt, bereichert sein Leben.

Über einen stillen Helden und den Sieg über unsere Vorurteile

Im Hotel ging die Zeitung von Tisch zu Tisch, in den Strandcafés war die Titelgeschichte des Föhr-Amrumer »Inselboten« das Thema, und die Kommentare der Gäste reichten von »Wer tut so etwas heute noch?« bis »Dem hätte man das am wenigsten zugetraut«.

Wo am Vortag noch ein großes Foto von Kanzlerin Merkel und US-Präsident Bush abgedruckt war, sah man diesmal einen jungen Mann abgebildet, kahlgeschoren, tätowiert und muskulös, der strahlend einen blauen Müllsack in die Höhe hält. Seine Geschichte hat etwas Heldenhaftes, sie ist die klassische gute Nachricht, die uns berührt, weil sie so selten vorkommt.

»Diesen Tag werde ich so schnell nicht vergessen«, wird der 26-jährige David zitiert, der seinen Nachnamen nicht nennen will. Er war zehn Jahre lang drogenabhängig, verlor deshalb seine Familie, Frau und Kinder und endete als Dealer. »Ich habe früher Leute wegen zwei Euro geschlagen, nur um an den Stoff zu kommen«, erzählt David. Und heute gibt dieser Ex-Junkie ohne zu Zögern den Sensationsfund von 120 000 Euro an den rechtmäßigen Besitzer zurück.

Über eine Suchtberatungsstelle fand David den Weg in das Lebenshilfehaus »Bethel« in Neumünster. Dort werden auf einem Bauernhof ehemalige Drogenabhängige betreut, und zur Therapie gehört es auch, durch Haushaltsauflösungen die Sozialeinrichtung zu finanzieren. Dabei entdeckte David in einem Wäschetrockner einen Müllsack mit Geld, jede Menge Scheine, Fünfziger, Hunderter, Fünfhunderter. Alles in allem sagenhafte 120 000 Euro.

»Ich habe keine Minute daran gedacht, das Geld zu behalten«, sagt David den Reportern. Im Nachhinein habe er sich wohl ausgemalt, was man mit dieser Riesensumme alles hätte machen können. »Aber ich habe durch Gott zu einem neuen Leben gefunden und bin stark geblieben.«

Seine Ehrlichkeit wird belohnt: Der Nachlassverwalter gibt jetzt deutlich mehr als den gesetzlich vorgeschriebenen Finderlohn an Davids Therapiezentrum, das zur Arbeitsgemeinschaft Christlicher Lebenshilfen gehört.

Durch diesen ehrlichen Finder haben wir eines verloren: Unser Vorurteil, dass aus Leuten wie David nichts mehr werden kann. Gott kennt keine hoffnungslosen Fälle.

Für mich ist David ein Held unserer Tage. Ein Vorbild, das die innere Kraft besaß, einer Versuchung zu widerstehen. Und all jene Lügen zu strafen, die meinen: Einmal kriminell, immer kriminell.

Über den Rausch der Jugend und die Sucht nach Geld

Wie pervers müssen Disco-Betreiber sein, die unsere Kinder mit primitivsten Mitteln zum Alkohol verführen wollen. Während die Experten der Deutschen Hauptstelle für Suchtfragen (DHS) gerade erst einen Jahresbericht mit alarmierenden Zahlen zunehmenden Alkoholkonsums präsentierten, werben Discotheken mit »Flatrate-Saufen« um neue (junge!) Kunden. Ab vier Euro können die Besucher für eine bestimmte Zeit saufen, was das Zeug hält und die Leber verträgt. Nicht nur Bier und Mixgetränke sind im Angebot, auch harte Spirituosen.

Lächerlich, verlogen und weltfremd klingt da die Versicherung der Verführer, sie wollten genau darauf achten, dass der Jugendschutz eingehalten wird. Das widerspricht jeglicher Lebenserfahrung.

Werden die Türsteher die Minderjährigen künftig kennzeichnen? Soll hinter jeder Theke ein Kontrolleur, hinter jeder Schnapsflasche ein Staatsanwalt stehen? Unzählige Stichproben sprechen eine ganz andere Sprache: In vielen Supermärkten und Tankstellen hängen zwar die Paragraphen des Jugendschutzgesetzes an der Wand, doch an der Kasse schert sich keiner um das Alter der Alkoholkäufer und -säufer.

Was hier abläuft, ist ein Schlag gegen die Versuche von Schulen und Experten, das Alkoholproblem einzudämmen. Die neuen Zahlen der DHS sind dramatisch: Die Alkoholiker werden immer zahlreicher und immer jünger. Rund 46 Prozent der 15-Jährigen trinken mindestens einmal in der Woche, den ersten Rausch hatten sie mit 14. Das Einstiegsalter für die Volksdroge Nummer eins sinkt drastisch – quer durch alle sozialen Schichten.

Und jetzt wollen Geschäftemacher unsere Kinder zu Trinkerkarrieren verführen. Haben die Discos früher mit einer bestimmten Musik oder einem populären DJ-Auftritt geworben, versucht man es jetzt als Alkohol-Dealer mit verlockenden Einstiegsangeboten zum Spottpreis.

Die DHS-Experten fordern das genaue Gegenteil und sprechen aus Erfahrung. Um Jugendliche vom Trinken abzuhalten, müssten die Steuern vielmehr erhöht und der Schnaps deutlich teurer werden. Beispiel: Alcopops. In dieser Kolumne bin ich schon vor Jahren dafür eingetreten, die verführerisch-süßen hochprozentigen Getränke drastisch zu besteuern. Es gab harsche Reaktionen der Industrie, aber auch eine Bundestagsdebatte, der ein entsprechendes Gesetz folgte. Die erfreuliche Bilanz: Der Absatz der gefährlichen Droge brach ein.

Ich will die Hoffnung nicht aufgeben, dass gewissenlose Geschäftemacher vielleicht doch zur Einsicht kommen. Denn ich möchte einfach nicht glauben, dass es jemanden gleichgültig lässt, wenn er eine Generation von Suchtabhängigen heranzieht.

Über erhöhte Renten und enttäuschte Rentner

»Besser als nichts«, sagen die einen, »ein Tropfen auf den heißen Stein« die anderen. Unsere Regierung scheint ihr Herz für Rentner entdeckt zu haben und beschert den Senioren ein Osterwunder. Doch das Überraschungsei, das Sozialminister Olaf Scholz stolz präsentierte, entpuppt sich als fauler Zauber. Der versprochenen Rentenerhöhung von 1,1 Prozent zum 1. Juli 2008 haftet ein mehrfacher Makel an: Das kleine Plus auf dem Konto hat einen hohen Preis. Die Aktion begleitet der fade Beigeschmack eines Wahlgeschenks, das mit kosmetischen Korrekturen an der Rentenformel zu Lasten der jüngeren Generation erkauft ist.

Die zwanzig Millionen Wählerstimmen fest im Blick, hat man so lange an der Rentenformel herumgefummelt, bis als Beruhigungspille und Trostpflaster eine Eins vor dem Komma herauskam. Dazu musste der Riester-Faktor außer Kraft gesetzt werden, der extra dafür geschaffen wurde, um den Rentenanstieg zu bremsen und auf lange Sicht stabile Renten zu sichern. Diese »Riester-Treppe« ist eine Brücke zwischen den Generationen der Einzahler und Empfänger und soll verhindern, dass die ohnehin klammen Kassen gänzlich ausgeplündert werden.

Kein Wunder, dass die jungen Abgeordneten den Trick schnell durchschaut haben, ihren Parteistrategen nicht folgen wollen und mangelnde Generationengerechtigkeit beklagen. Die Rentner müssen sich doch jetzt schon den Vorwurf gefallen lassen, auf Kosten der Jungen zu leben. Sind die paar Euro Erhöhung es wert, die Stimmung noch weiter anzuheizen? Und wo bleibt die Entlastung für die, die hart arbeiten und das soziale Netz erst finanzieren, das immer mehr belastet wird?

Die Politik lässt sich auf ein gefährliches Spiel ein und kann noch nicht einmal sicher sein, bei den Rentnern Jubelstürme zu ernten. Natürlich sind 1,1 Prozent nach den Nullrunden und den Mini-Erhöhungen der letzten Jahre besser als gar nichts. Aber unter dem Strich bleibt den Rentnern weniger in der Tasche, weil ein höherer Pflegebeitrag und steigende Preise alles doppelt und dreifach wieder auffressen.

Dass sich ausgerechnet die Altersgruppe mit der höchsten Wahlbeteiligung und treuesten Parteibindung von den Demokraten ausgetrickst fühlt, könnte sich bitter rächen. Die teuer erkaufte Mini-Erhöhung hilft den Rentnern von heute nicht wirklich, den Rentnern von morgen schadet sie gewaltig. Für Wahlgeschenke sollte die zukunftssichernde Rentenkasse tabu sein!

Über Steuergeld für Senioren und Aussperrung an der Ladenkasse

Hühnerfrikassee esse ich für mein Leben gern, allerdings kann man es im Restaurant nur garniert mit einer humorvollen Bemerkung bestellen. Denn wer in aller Welt hat eigentlich beschlossen, dass jenes Gericht auf deutschen Speisekarten durchweg als »Seniorenteller« angeboten wird, meist direkt unter dem »Teletubbies-Teller« für unsere kleinen Gäste?

Natürlich gehöre auch ich längst zur vielumworbenen Generation 50 plus, nur will ich nicht auch noch beim Essen daran erinnert werden. Es reicht schon, wenn die Knochen knacken oder der Arzt die Augenbraue hochzieht. Schließlich gibt es im Menü auch keine Extra-Schonkost für werdende Väter mit nervösem Magen, warum also diese ausgrenzende Reisrand-Rubrik für Senioren?

Hoffentlich wird diese Art subtiler Diskriminierung jetzt nicht noch verstärkt, so dass wir im Supermarkt neben den Regalen für Baby- und Diabetiker-Kost bald noch eigene Seniorenabteilungen haben oder man bereits am Warenkorb mit der »Cola old« erkennt, dass jetzt Opa in der Schlange steht. Familienministerin Ursula von der Leyen hat nämlich eine Initiative gestartet, deren Ziel es ist, dass Industrie und Handel mehr seniorengerechte Produkte und Dienstleistungen entwickeln. Vier Millionen Euro soll es dafür aus der Staatskasse geben.

Richtig ist die Kritik, dass die Wirtschaft in Zeiten

des Jugendwahns die eigentlich zahlungskräftige Zielgruppe der Zukunft, die Senioren, weitgehend vergessen hat. In 30 Jahren wird Deutschland die älteste Bevölkerung der Welt haben, mehr als die Hälfte wird über 50 Jahre alt sein.

Falsch ist, dass für Bereiche, die allein die Wirtschaft selbst regulieren muss, meine Steuergelder verballert werden. Wenn deutsche Erfinder zu blöd sind, seniorengerechte Produkte zu entwickeln und damit die Zukunft verschlafen, sollten sich diese Unternehmer lieber Unterlasser nennen und nicht noch auf meine Kosten gefördert werden.

Dabei gibt es bereits genug positive Beispiele. Als der Babyboom zu Ende ging, reagierte Windelhersteller Hartmann prompt und deckte den Markt erfolgreich mit Inkontinenzprodukten ein. Und Babykost-Hersteller Hipp erkannte rechtzeitig, dass seine Gläschen selbst Senioren schmecken. Er merkte aber auch, dass weder Kunden noch Marken in der Werbung alt aussehen dürfen, der Senior also nicht als solcher angesprochen werden will und Methusalem-Marken im Sanitätshaus-Look meidet. Ein ausgewiesenes »Seniorenhandy« war ein Flop, während ein anderes Mobiltelefon mit großen Tasten und großem Display ein Erfolg wurde. Wer sagt denn, dass nicht auch Jüngere ein Telefon nur zum Telefonieren wollen, ohne allen Schnickschnack? Der Rollkoffer, ursprünglich für Senioren erdacht, ist inzwischen ein allgemeiner Gebrauchsgegenstand. Das haben clevere Unternehmer ganz ohne den Staat hingekriegt!

Über die Kritik an den Ärzten und das Lob eines Patienten

Es war die schwerste Entscheidung, die unsere Familie treffen musste, aber es war am Ende eine kluge Entscheidung, weil meine Mutter alles nicht mehr schaffte und wir Kinder zu weit weg wohnen. Wir gaben also meinen 87-jährigen Vater heimatnah in ein Pflegeheim – und erstmals wurde ich persönlich mit dem konfrontiert, was ich distanziert nur aus den Schreckensszenarien der Talkshows kannte.

Schon die bloße Vorstellung, meinen Vater auf seiner letzten Lebensetappe »im Heim« mit überfordertem Personal und übersteigerter Profitgier zu wissen, war purer Horror. Als er dann noch in die Klinik musste, war ich endgültig verzweifelt, hatte ich doch gerade erst die Schlagzeilen über das »Ärztehasser«-Buch gelesen.

Da werden die Mediziner als geldgierig, unfähig, skrupellos und herzlos hingestellt, die ihre Patienten als »Fälle« behandeln und zynisch abzocken. Durften wir unserem Vater so etwas zumuten?

Bei meinen Besuchen beobachtete ich mich dabei, wie ich – verleitet von den Horrormeldungen über Ärzte und Pfleger – eher einen Kontroll- als einen Verwandtenbesuch machte. Doch was ich vorfand, stimmte in nichts mit dem überein, was ich an Vorurteilen aufgesogen hatte.

Natürlich ist das Personal in Klinik und Pflegeheim überlastet, jedoch motiviert und engagiert. Trotz Schichtdienst und Überstunden.

Ich erlebte Ärzte, die nicht nur medizinisch ihr Bestes geben, sondern sich geduldig Zeit lassen, um dem Kassenpatienten Hahne samt Angehörigen die allerschlimmsten Sorgen zu nehmen. »Bei meinem eigenen Vater würde ich genauso handeln«, erklärte mir der Oberarzt seine Therapie, was beruhigender wirkte als jeder Fachvortrag. Von unsensibler Arroganz, die der »Ärztehasser«-Autor ausgemacht haben will, keine Spur.

Wie läppisch wirkt dagegen das Gejammer, das für den denunzierenden Rundumschlag gegen einen kompletten Berufsstand herhalten muss: Patienten müssten manchmal drei Stunden im Wartezimmer ausharren. Na und? Wann waren Sie jemals in der Autowerkstatt pünktlich dran?!

Ärzte, Schwestern und Pfleger sind nicht nur Helfer für Hilflose, sie sind Tröster und Mutmacher, Klagemauer und Seelsorger, und für Sterbenskranke oft die einzigen Gesprächspartner. Sie opfern sich auf und lieben ihren Beruf, den nicht wenige als Berufung verstehen. Schwarze Schafe gibt es überall, übrigens auch unter Patienten und deren Angehörigen!

Der Dienst am Menschen ist knallharter Alltag. Operieren und kurieren, waschen und füttern, verbinden und versorgen ... Und in den Grenzsituationen von Klinik und Krankheit, in Lebenskrisen und Todesangst ist menschliche Nähe und Zuwendung mindestens genauso wichtig wie Apparate und Medikamente. Das Personal in Kliniken und Pflegeheimen zeigt für beschämend niedrigen Lohn bemerkenswert große Leistung. Dafür haben sie alles verdient, nur keine Pauschalverurteilung durch geschäftstüchtige Sensationsschreiber.

Über Lehrer in Angst und einen Traumberuf in der Krise

Realität an deutschen Hauptschulen: Lehrer werden nicht mehr respektiert, sondern ignoriert und attackiert, Zerstörung und Gewalt sind an der Tagesordnung. Menschen, die ausgebildet sind, um zu lehren und zu helfen, fühlen sich alleingelassen, einsam auf verlorenem Posten, schutzlos der Schüleraggression ausgesetzt. Kernproblem der ausufernden Gewalt seien »Defizite in den Elternhäusern«, von denen über 80 Prozent einen Migrationshintergrund haben, hört man aus den Lehrerkollegien.

Der Traumberuf Lehrer ist längst zum Höllenjob geworden, klagt die Gewerkschaft GEW, zwei Drittel der Pädagogen ruinieren ihre Gesundheit, da die meiste Energie beim Kampf um die Disziplin verlorengeht.

»Kein Beruf ist so gut, und ich will keinen lieber haben als den des Schulmeisters«, schwärmte einst Martin Luther. Als ich Abitur machte, wollte die Mehrzahl meiner Mitschüler noch Pädagogik studieren, wurde aber gleich von uns anderen verspottet. Denn dieser Beruf hatte den Stempel eines Halbtagsjobs mit Ganztagsbezahlung. Auch Exkanzler Schröder bediente populistisch das herrschende Vorurteil, als er von Lehrern als »faulen Säcken« sprach.

Doch in Wahrheit werden den Lehrern immer mehr Aufgaben zugeschoben, die der Rest unserer Gesellschaft loswerden will: von Sprachförderung bis Suchtvorsorge, Aufklärung für die Frühreifen und Konfliktmanagement für die aggressiven Kinder. Als wäre die Schule der Reparaturbetrieb der Nation – und die Lehrer wahre Wundertäter, die wieder geradebiegen, was die Eltern versäumt haben.

Solange das Ansehen der Lehrer und ihre tatsächliche Knochenarbeit in totalem Widerspruch stehen, brauchen wir uns nicht zu wundern, wenn kaum jemand mehr diesen Beruf ergreifen will und selbst aufwendige Werbekampagnen nicht verhindern können, dass in einigen Jahren Zehntausende von Stellen unbesetzt bleiben werden.

Die Schule steht und fällt mit Qualität und Motivation der Lehrer. Sie brauchen wieder Respekt, Anerkennung und Autorität statt Mitleid und Vorurteile. »Wer möchte heute schon noch Lehrer sein?«, spotten die Ahnungslosen und vergessen dabei, dass diese Leute für die Zukunft unserer Gesellschaft Schwerstarbeit leisten. Wir sollten uns daran nicht erst erinnern, wenn sie in den Streik getreten sind.

Über Schüler in Uniform und den Kampf um andere Klamotten

Die Diskussion taucht alle Jahre mal wieder auf und verglüht meist genauso schnell, wie sie aufgeflammt ist. Das könnte diesmal anders sein, weil die Frage auch unter Spitzenpolitikern für Zündstoff sorgt und prominente Protagonisten gefunden hat: Sollen wir in Deutschland Schuluniformen einführen? In England ist das schon lange Tradition, auch in den USA, Kanada oder Südafrika wird es praktiziert.

Bundesjustizministerin Brigitte Zypries hat die Auseinandersetzung entfacht, nachdem zwei Bonner Schülerinnen mit arabischen Burkas im Unterricht erschienen waren, die Kopf und Körper bis auf einen kleinen Sehschlitz verhüllen.

Solche religiösen Demonstrationen könnten durch einheitliche Kleidung verhindert werden, meint die Ministerin und sieht in der Uniform ein Mittel zur Integration. Das meine ich nun gerade nicht, denn Integration funktioniert über die Köpfe, nicht über die Kleidung.

Da scheint mir die Begründung von Bildungsministerin Annette Schavan plausibler, die mit Schuluniformen den Markenwahn bekämpfen will. Und genau dieses Problem gehört endlich und konsequent angepackt, herrscht doch in unseren Schulen längst ein gnadenloser Modeterror. Bereits den Kleinsten geht es um die großen Markennamen, und wessen Outfit nicht die »richtigen« Labels und Logos trägt, ist arm dran und schnell out. Coole Klamotten gelten als Statussymbol und käufliche Äußerlichkeiten als Gradmesser für den Wert des Menschen.

Kritiker wenden ein, die Uniform schade der Individualität, Schüler sollten doch gerade lernen, ihren eigenen Geschmack und Stil zu entwickeln. Als sei der Einheitslook der Modefixierten, die dem Diktat der Werbung folgen, ein Ausweis von Eigenständigkeit.

Natürlich ist die einheitliche Kleidung kein Allheilmittel, aber doch wenigstens ein Anfang, den kranken Markenwahn zu bekämpfen. Der Versuch lohnt, wie der Erlanger Pädagogik-Professor Oliver Dickhäuser in einer Studie nachgewiesen hat. In Schulen mit einheitlicher Kleidung sei das Zusammengehörigkeitsgefühl deutlich gewachsen und der Markenterror zurückgegangen. Pilotprojekte in Potsdam oder Hamburg finden deshalb immer mehr Nachahmer.

Es ist am »Arbeitsplatz Schule« gleichgültig, wessen Eltern Kind man ist. Wo man dazugehört, ist wichtig, nicht, wo man herkommt. Was man kann, nicht, was man hat. Schuluniformen haben mit Obrigkeitsstaat und Zwangsjacken nichts zu tun, sie verbiegen und verblöden nicht. Sie bewahren unsere Kinder davor, schon im prägenden Alter Opfer der Konsumspirale zu werden. Sie bieten Chancengleichheit für sozial Schwächere und helfen zu erkennen, dass es Wichtigeres gibt im Leben als den Konkurrenzkampf um die coolsten Klamotten.

Von oben herab sollte man allerdings nichts befehlen. Besser als das beste Gesetz wäre, wenn sich Eltern, Lehrer und Schüler zusammensetzten, um gemeinsam und freiwillig zu entscheiden. Einen Versuch wär's wert.

Über die Krawalle von Berlin und die Stunde der Besserwisser

Herrschen bei uns bald Zustände wie einstmals im Pariser November 2005? Unter Berliner Bürgern geht die Angst um, dass auch in unseren Problembezirken mit hohem Migrantenanteil die Straßen brennen könnten wie in der französischen Hauptstadt. Es ist die Stunde der Stammtisch-Strategen, der Hobby-Sicherheitsexperten, der Allesbesserwisser. Und es gab Ereignisse, die Wasser auf deren Mühlen waren: Rund 50 türkischstämmige Anwohner griffen Polizei und Feuerwehr an, weil sie meinten, ein Wohnungsbrand werde nicht schnell genug gelöscht. Eine Gruppe ausländischer Jugendlicher überfiel eine Schulklasse mitten im Physikunterricht, weil sich ein Junge in seiner Ehre verletzt fühlte. Rund 100 Jugendliche attackierten in Kreuzberg Polizeibeamte, die zwei zwölfjährige Kleinkriminelle festgenommen hatten, zwei Polizisten wurden dabei verletzt. Ruhe herrschte erst, nachdem eine halbe Hundertschaft angerückt war.

Entgleitet uns also die Sicherheit im eigenen Land? Kann der Staat keinen Schutz mehr garantieren? Einzelfälle oder Trend?

Bei den Debatten in U-Bahn oder Kneipe höre ich Wut auf alles, was Ausländer, Politik und Polizei heißt. Die einen seien unfähig zum Handeln, die anderen sollten dahin zurück, wo sie herkommen. Die Gewalt werde jünger und brutaler, die Fälle häuften sich, man sei in der eigenen Stadt seines Lebens nicht mehr sicher ...

So blödsinnig solche Vorurteile auch sind, die Fakten sprechen eine andere Sprache. Aus dem Sicherheitsbericht von Innenminister Schäuble geht hervor, dass die Kriminalitätsrate rückläufig ist und die Jugendkriminalität den niedrigsten Stand seit der Wiedervereinigung aufweist. Dennoch beklagt die Gewerkschaft der Polizei, dass »Widerstand gegen die Staatsgewalt« in erschreckendem Maße zugenommen hat – um 50 Prozent im letzten Jahrzehnt.

Natürlich gibt es die Problemviertel, in denen die Polizei nur noch in doppelter Stärke anrücken kann, natürlich gibt es Jugendliche, die keinerlei Ordnung akzeptieren. Wäre es aber nicht sinnvoller, statt Panik zu schüren, von anderen zu lernen? Londons Polizeichef setzt auf Beamte, die Türkisch oder Arabisch sprechen, zu Fuß Streife gehen, mit den Leuten reden und ihnen bekannt sind.

Einen Schlüsselsatz las ich vom Chef der Berliner Staatsanwaltschaft, Andreas Behm: »Wir müssen uns verstärkt um junge Gewalttäter kümmern, denn Jugendliche kann man noch ändern.«

Recht und Gesetz müssten in Erziehung und Schule wieder einen höheren Stellenwert bekommen, wir brauchen mehr Miteinander der Generationen und vor allem Zivilcourage unter Jugendlichen. Und das gerade dort, wo der Migrantenanteil ebenso hoch ist wie die Arbeitslosigkeit, wo Schulabschlüsse so selten sind wie Lehrstellen und deutsche Sprachkenntnisse. Gewalt ist die Sprache der Vergessenen und Perspektivlosen.

Über Ferien mit Kindern und Ebbe in der Kasse

Sie hat sich schon längst abgewöhnt, ihre Schüler nach Ferienende einen Aufsatz über ihr schönstes Urlaubserlebnis schreiben zu lassen, berichtet mir eine Lehrerin. Sie vermeidet auch die früher selbstverständliche Frage nach dem Reiseziel.

»Sie glauben ja gar nicht, wie mir das Herz blutet, wenn Kinder teure Ferienreisen erfinden, bloß um mit ihren Schulkameraden mithalten zu können und nicht als arme Schlucker dazustehen.«

Unter dem Druck der Gruppe muss es immer ganz cool und ganz trendy sein, ganz gleich, ob es sich um Turnschuhmarken oder um Urlaubsorte handelt. Und es sind längst nicht nur die Hartz-IV-Empfänger, die sich das alles nicht mehr leisten können: Der klassischen Vater-Mutter-zwei-Kinder-Familie fällt es immer schwerer, die Ferien zu finanzieren. Der Chef einer Volksbank erzählt mir, dass im Gegensatz zu früher, als es um den Kauf eines Autos oder einer neuen Küche ging, heute die meisten Überziehungskredite für den Urlaub erbeten werden. »Da stehen Familienväter vor dir, die hart arbeiten und für die schönsten Wochen des Jahres nicht genug Geld auf der hohen Kante haben.«

Und das nicht wegen eines verschwenderischen Lebensstils, sondern weil die Preise für Familien einfach nicht mehr zu bezahlen sind. Rund ein Viertel aller deutschen Familien bleibt zu Hause, weil gespart werden muss.

Wir Deutschen sind zwar nach wie vor Weltmeister im Reisen, jedoch reisen immer weniger immer mehr und immer mehr überhaupt nicht. Die Verlierer der Urlaubszeit sind die Familien, sie werden systematisch ausgeplündert. Es ist doch pure Abzockerei, wenn pünktlich zum Ferienbeginn die Benzinpreise in die Höhe schnellen und jede Tankfüllung die Kosten eines Billigflugs übersteigt. Und warum ist es ausgerechnet in der Zeit, wo Eltern mit schulpflichtigen Kindern gezwungen sind, Urlaub zu machen, am teuersten? Familien sind Geiseln der überteuerten Hochsaison, während Kinderlose und Senioren bequem in die preiswerte Nebensaison flüchten können und Gewinner der Schnäppchen-Angebote sind.

Ich rede keiner Luxusreise in die Karibik das Wort, ich meine Urlaub in Deutschland! Natürlich bin ich nicht so blauäugig, die Prinzipien der Marktwirtschaft zu geißeln, aber mir tut es in der Seele weh, wenn ich Kinder am Strand mit ihren Eltern diskutieren höre, ob sie sich ein Eis oder eine zweite Cola leisten können. In Gaststätten würde zum Beispiel eine einfache Preispauschale helfen, bei der Kinder automatisch ein zweites Getränk bekommen. Und ich bin sicher, dass unserer angeblich doch so kinderfreundlichen Gesellschaft noch manch anderes einfällt, um diejenigen zu entlasten, die es am meisten verdienen...

Über den Beginn einer Urlaubsreise und das Ende eines Tierlebens

Für die meisten Familien ist er ein heißersehnter Augenblick: der Start in den Urlaub. Doch Urlaubszeit bedeutet auch Leidenszeit für viele Haustiere ... Der erste Ferientag ein Schicksalstag, ein Tag, der über Tod oder Leben entscheiden kann. Nicht wenige Urlauber merken erst in letzter Sekunde, dass sie an alles gedacht, aber eines vergessen haben: Wohin mit Hamster, Hund, Katze oder Kaninchen?

So beginnen die schönsten Wochen des Jahres nicht selten mit herzzerreißenden Bildern auf Parkplätzen und Autobahnraststätten. Da kauern jaulende Hunde mit traurigen Augen und hängenden Ohren – entsorgt wie Müll am Straßenrand. In München wurde eine Pudeldame aus dem fahrenden Auto geworfen, einen Terrier fand man in einem westfälischen Waldstück an einen Baum gebunden.

Ausgesetzt, ausgehungert, verdurstet, verwahrlost. Ein Verbrechen!

In der Feriensaison hat die Herzlosigkeit Hochkonjunktur. 70 000 Haustiere müssen Jahr für Jahr erkennen, dass Tierliebe oft nur bis zum Urlaub reicht. Diese rücksichtslose Wegwerfmentalität schreit zum Himmel. Was man nicht mehr braucht, was stört oder wessen wir überdrüssig sind, das kommt einfach in den Müll, egal ob Puppe oder Pudel, Sessel oder Setter.

Wie wollen Eltern ihren Kindern eigentlich noch in die Augen schauen, wenn sie die Zwergkaninchen, die zu Weihnachten das ersehnte Geschenk waren, Monate später lieblos entsorgen? Jetzt rächt sich bitter, dass Tiere immer wieder als »Spielzeuge« verschenkt werden. Tiere sind Lebewesen, keine Konsumgüter, sie sind Mitgeschöpfe, keine Sachen.

Wer sich eine Urlaubsreise leisten kann, kann auch die paar Euro für eine Hundepension lockermachen oder findet Nachbarn oder Freunde, die die Katze füttern und den Vogel versorgen. Der Deutsche Tierschutzbund hilft mit der Aktion »Nimmst du mein Tier, nehm' ich dein Tier« (www.tierschutzbund.de), eine Art Tauschbörse zur Vermittlung von Urlaubsplätzen für Haustiere.

Besonders schlimm ist, dass die herzlosen Tierquäler, deren Gewissen so steinhart ist, dass sie fröhlich ihre Sangria trinken, während ihr ausgesetzter Hund auf einem Parkplatz winselt, meist ungeschoren bleiben.

Über den Fluch der Eile und das Erlernen der Geduld

Gut, dass ich auf sie gehört habe: Eine Bekannte hatte mir geraten, meinen USA-Urlaub nicht bis zur letzten Minute auszukosten, sondern bereits zwei, drei Tage vor Arbeitsbeginn nach Hause zurückzukehren. Damit wollte sie mich nicht vor dem Jetlag schützen, vielmehr haben Freizeitforscher festgestellt, dass man seine Urlaubserlebnisse und die damit verbundenen Erfahrungen langsam ausklingen lassen soll, um möglichst viel davon zu haben. Das verlängert nicht nur die Ferien, sondern verändert unseren Alltag. Denn in jedem Urlaub entdeckt man Schätze, die sich im Alltag in kleiner Münze auszahlen.

Geduld zum Beispiel, die ich in Amerika wieder ganz neu gelernt habe. In aller Ruhe zu warten, bis einem im Restaurant ein Platz angewiesen wird. Die Freundlichkeiten über sich ergehen zu lassen, bis einem beim Einkaufen die Ware präsentiert wird. Oder die Geschwindigkeitsbegrenzung auf den Highways – selbst für mich als flotten Fahrer die pure Erholung. Im Mietwagen durch die Landschaft, raus aus der Stadt, vorbei an Hainen mit Orangenbäumen, und das alles mit höchstens 65 Meilen, die in etwa 100 Stundenkilometern entsprechen. Alle halten sich an das Limit, keiner drängelt, und die Lichthupe kommt nur zum Einsatz, um einen Freund auf der Gegenfahrbahn zu begrüßen. Manchmal ist es eben sinnvoll, Möglichkeiten zu begrenzen. Und das nicht nur in einem Land, das sich ansonsten das Gegenteil auf die Fahnen geschrieben hat...

Gelernt habe ich auch, die Zeit neu zu schätzen und einzuteilen. Zeitvertreib gehört nicht zu den sinnvollen Begriffen unserer Sprache. Das bessere Rezept ist, Zeit nicht zu vertreiben, sondern zu genießen, zu nutzen, auszukosten und manchmal sogar zu vergessen. Jeden Urlaub beginne ich deshalb mit einer ganz persönlichen Tradition: Ich lege die Armbanduhr ab. Der Fluch der Eile lässt uns verkümmern. Kein Wunder, dass Psychologen die »Sehnsucht nach Ent-Schleunigung« entdeckt haben. Wir brauchen ein Tempolimit fürs Leben, denn alltäglicher Zeitdruck macht kaputt, ein voller Terminkalender kann zum mörderischen Statussymbol werden. Der Zeit einen neuen Wert geben und seinen inneren Rhythmus finden wirkt wie gute Medizin. Vielleicht müssen wir neu lernen, mit der knappsten Ressource, die wir haben, phantasievoller umzugehen.

Wir brauchen eine neue Zeitkultur, weil wir riesigen Mengen von Reizen und Anforderungen ausgesetzt sind, Ablenkungen im wahrsten Wortsinn. Viele können sich deshalb nicht länger als drei Minuten auf eine Tätigkeit konzentrieren, haben Zeitforscher festgestellt. Deshalb ist es gut, aus der Urlaubsmuße zu lernen, bevor man vom Fluch der Eile wieder eingeholt wird.

Über die Krise der UNICEF und die Kinder als Opfer

Kann man überhaupt noch guten Gewissens spenden? Diese Frage stellten sich viele, die empört und enttäuscht, verwirrt und verunsichert die Nachrichten aus der deutschen UNICEF-Zentrale verfolgten. Da kämpfte eine Hilfsorganisation hilflos um ihren guten Ruf, und andere Spendenwerke haben Angst, mit in den Strudel gerissen zu werden. Deshalb hilft jetzt nur eines: Reinen Tisch machen und die Krise bewältigen, ohne zu beschönigen. Für Hilfsorganisationen ist ein guter Ruf so wichtig wie die Luft zum Atmen.

Stolze 97 Millionen Euro hat das Kinderhilfswerk UNICEF im Jahr 2007 allein in Deutschland gesammelt und damit weltweit viel Gutes getan. Doch das größte Kapital ist Vertrauen, das höchste Gut ist Glaubwürdigkeit.

Dieses Vertrauen ist erst mal verspielt, denn es darf bei den Spendern nicht den Hauch eines Zweifels geben, was mit dem Geld geschieht.

Natürlich ist es fragwürdig, wenn üppige Beraterhonorare und saftige Erfolgsprämien für Profisammler gezahlt werden. Persönlich bereichert hat sich von den UNICEF-Mitarbeitern jedoch keiner, deshalb sollte man mit Pauschalverurteilungen vorsichtig sein. Ich frage mich, wie ernst es manchen Promi-Paten mit ihrem Engagement wirklich war, wenn sie ihrer Organisation jetzt so schnell und so laut den Rücken kehren.

In dieser Vertrauenskrise gibt es am Ende nur einen

Verlierer: die Millionen Kinder in Not, denen es ohne UNICEF noch schlechter gehen würde. Kinder, die als Soldaten in den Krieg geschickt, als Billigarbeiter in Asien verheizt, die misshandelt und missbraucht werden. Kinder, die sich ohne unsere Hilfe nicht helfen könnten.

Helfen ist ein knallhartes Geschäft, der Spendenmarkt ist erbittert umkämpft. Deshalb müssen klare Regeln her. Nächstenliebe darf nicht durch Drückerkolonnen abgewickelt und mit Provisionen abgerechnet werden. Und wenn von einem gespendeten Euro nur 80 Cent bei den Bedürftigen ankommen, weil der Rest in Personal, Werbung und Verwaltung verschwindet, dann ist das einfach zu wenig. Dies jetzt zu ändern ist die Chance in der Krise.

Wegen der schweren Vorwürfe gegen UNICEF sollte es sich aber keiner zu leicht machen, sein Gewissen nun durch Spendenverweigerung zu beruhigen. Das wäre eine allzu billige Ausrede, die die Notleidenden teuer zu stehen kommt.

Es gibt genug Dritte-Welt-Aktionen von Schulen oder Kirchengemeinden, die im kleinen Stil Großes leisten. Und bestimmt gibt es in unserer allernächsten Nähe Projekte, die unser Geld dringend brauchen. Nicht zuletzt der Bettler an der Straßenecke, die Suppenküche in der Stadt oder der Opferstock an der Kirchentür.

Ist die Jugend einfach nur so oder sind die Erwachsenen schuld?

Die sprichwörtliche Gürtellinie hat ausgedient, keine Niveau-Latte des Geschmacks kann so tief gelegt werden, als dass es nicht immer noch Leuten gelingt, mühelos darunter herzukommen. Diesmal hat es eine gewisse Jasmina geschafft, und Millionen Fernsehzuschauer bekamen das live frei Haus geliefert. Was Pro 7 als Pop-Show ankündigte, endete als »Piep-Show«: In der ersten Folge der neuen Castingreihe überblendete der Privatsender beim Auftritt der Bremer Schülerin deren übelste Textpassagen mit Pieptönen. Es piepte oft, Jasmina zog bei ihrem Porno-Rap das ganze Register primitivster Gossensprache.

Ich hätte das dem Mädchen mit dem Engelsgesicht gar nicht zugetraut. Doch um in die nächste Runde zu kommen, unterbot Jasmina alles, was wir aus den bisherigen Castingshows kennen.

Dies war eine neue Dimension von Gossensprache mit Vorsatz, eine moderne Form der Provokation. Wenn diese Schulhofsprache öffentlich einem Millionenpublikum präsentiert wird und Kinder und Jugendliche dem ungeschützt ausgesetzt sind, hilft es wenig, wenn die Eltern jetzt sagen, dass Jasmina eigentlich ein gutes Mädchen sei. Dann ist es an der Zeit, öffentlich zu protestieren.

Wenn Eltern ihre Kinder nicht in den Griff bekommen, ist das noch lange kein Grund, uns ungebeten damit zu belästigen und zu beschmutzen.

Es ist ein Skandal, dass solche pubertäre Provokation zum Geschäftsprinzip degeneriert, um im wahrsten Sinne um jeden Preis die Quote zu steigern. Was mich viel mehr erschüttert: Bei einer zufälligen TV-Straßenumfrage sagten Kinder und Jugendliche ganz cool, dass sie solche Musik mit Texten unterhalb der Gürtellinie total normal finden, dass es sozusagen herrschender Geschmack ist.

Wissen wir eigentlich, was unsere Kinder hören, was sich in ihr Unterbewusstsein frisst und nicht mehr zu löschen ist? Wissen wir, wie sie wirklich reden, registrieren wir, wie das Niveau ins Bodenlose sinkt, wenn solcher Verbalradikalismus Umgangssprache ist?

Oder dürfen wir uns über diesen Tiefpunkt an Sprachkultur nicht wundern, wenn gleichzeitig Ekel-Bücher wie »Feuchtgebiete« oben auf den Bestsellerlisten der Erwachsenen stehen?

Die Unkultur der Gossensprache ist das Ende von Zivilisation. Die Liebe zu unseren Kindern drückt sich auch in der Liebe zur Sprache aus. Wer das nicht beachtet, verachtet die junge Generation.

Über Deutsch für Inländer und Englisch für Dummschwätzer

Kaum wieder zurück in der Heimat, wähnte ich mich immer noch in den USA. War es wirklich der Frankfurter Flughafen, auf dem es von »Meeting Points« und »Service Stations« nur so wimmelt? War es tatsächlich die Deutsche (!) Bahn, die in ihrem Regionalzug Richtung Spreewald mit einem »Call a bike Standort« für Radtouren mit bahneigenen Fahrrädern wirbt? Lächerlich!

Es ist nicht nur dieses dämliche denglische Dumm-Sprech, das Deutsches und Englisches unbekümmert sinnfrei zusammenmixt, es sind auch jene völlig überflüssigen Anglizismen, die wie selbstverständlich auf heimischen Reklametafeln prangen, obwohl es dafür deutsche Wörter gibt.

Man fühlt sich nicht in Deutschland, sondern in Absurdistan, wenn eine Berliner Tankstelle, die im Markennamen auch noch das Wort »deutsch« trägt, zu einem Tankstellenbreak in ihren Shop einlädt, wo es neben Powersnacks auch Tickets für den Car-Wash gibt.

Ein großes Lob für die Große Koalition, die diesem groben Unfug ein Ende machen will. Es war höchste Zeit, nicht nur unserer Sprache, sondern auch uns Bürgern wieder eine Chance zu geben. Denn ohne Englischkenntnisse traut sich doch bald kein Mensch mehr zum Einkaufen oder auf Bahnhöfe!

Selbst wichtige Verbraucherinformationen kann man in deutschen Läden nicht mehr ohne englische Wörterbücher verstehen. Zwei Drittel der Deutschen grenzt diese babylonische Sprachakrobatik aus, weil sie kein Englisch können, ganz zu schweigen von den acht Millionen Ausländern bei uns. Das nennt man auf gut Deutsch Intoleranz.

Diese Plastiksprache ist purer Etikettenschwindel. Oder schmeckt es in der Kantine besser, wenn ich mir meine Nudeln am Menu-Counter statt an der Essensausgabe abhole? Habe ich mehr Vergnügen, wenn ich es Fun nenne, und größeren Einkaufsspaß, wenn der Schlussverkauf Sale heißt?

Natürlich lebt Sprache auch von fremden Einflüssen, sie wächst und passt sich an. Aber man sollte sie vor vermeidbaren Fremdwörtern schützen. Dass Deutsch in Deutschland auf Flughäfen, Bahnhöfen und Werbeflächen inzwischen Randsprache ist, gehört zu dem Schaden, den die Regierung laut Amtseid »vom Volk zu wenden« hat. Dass sie das jetzt tun will, ist gut. Besser wäre es, dabei nicht halbherzig, sondern mutig vorzugehen. Es geht nämlich nicht um eine deutschtümelnde Verordnung zur Rettung unserer Sprache, sondern um ein Recht der Bürger auf Schutz gegen sprachliche Ausgrenzung.

Über unsere Rechtschreibung und eine Reform gegen das Volk

An unsinnige Neuerungen kann ich mich nur schwer gewöhnen. Ich bin erleichtert, dass ich da nicht der Einzige bin. Umfragen bestätigen mir, dass zwei Drittel meiner Altersgenossen genauso denken wie ich: »An die neue Rechtschreibung, die seit August 2006 gilt, haben wir uns nicht gewöhnt.« Von allen Befragten sind es 62 Prozent, die sich damit schwertun.

Die von unseren Volksvertretern umjubelte Reform ist am Volk vorbeigerauscht. Es geht ja nicht um die Frage, ob man die neuen Regeln akzeptiert. Aber wenn sich nach so langer Zeit die Mehrheit noch nicht einmal daran gewöhnt hat, ist das Jahrhundertwerk eine Pleite.

Dabei hatte man es doch so gut gemeint. Wollte das Schriftbild dem Klang der Sprache anpassen, schwierige Schreibweisen erleichtern und komplizierte Kommaregeln korrigieren. Das ist gründlich danebengegangen.

Sprache bleibt durch Schreiben lebendig, nicht durch die toten Buchstaben von Regeln. Wenn man blödsinnige Buchstabenhaufen à la Flussschifffahrt sieht oder Majonäse und Ketschup schreiben kann, dann sehe ich, was dabei herauskommt, wenn sich Bürokraten unserer Sprache bemächtigen.

Die eingedeutschte Schreibweise von Fremdwörtern ist lächerlich, die neuen Getrennt- und Zusammenschreibungen unverständlich, und warum »überschwänglich behände Gämsen« plötzlich mit »ä« geschrieben werden, aber Eltern nicht auch vom Wortstamm her »Ältern« heißen, wer soll sich daran schon gewöhnen?

Hätte man nur vorher auf Volkes Stimme gehört, als man Volkes Schreibe regelte! Sprache und Schrift gehören zu den wenigen Gemeinsamkeiten, die ein Volk einen. Diese Gemeinsamkeit hat man uns ohne Not genommen, indem nun Alte und Junge, Dichter und Schüler nach unterschiedlichen Regeln und Gewohnheiten schreiben und jeder schließlich macht, was er will.

Wenn Sprache nicht mehr verbindlich ist, verbindet uns auch nichts mehr. Sprache gilt es zu pflegen, zu kultivieren. Die Bürokraten, die sich mit wirrer Regelwut an der Schreibe versündigten, hätten auf Loriot hören sollen: »Die Pflege der Sprache ist so wichtig wie Umweltschutz.«

Über Worte als Waffe und die Pflege der Sprache

Damit Unwörter nicht wie Unkraut wuchern, ist es ganz gut, im Rahmen der Sprachpflege wenigstens eines pro Jahr aus dem Sprachgebrauch zu reißen und in den Sprachmülleimer zu werfen.

Dabei hilft uns die Expertenjury um den Frankfurter Professor Horst Dieter Schlosser mit dem »Unwort des Jahres«.

Für 2007 fiel die Wahl auf den Begriff »Herdprämie«. Das Wort, das die Gegner des Betreuungsgeldes in die Debatte warfen, »diffamiert Eltern, insbesondere Frauen, die ihre Kinder zu Hause erziehen, anstatt einen Krippenplatz in Anspruch zu nehmen«, so die Begründung.

Aus dem Streit um die Kinderbetreuung haben die Experten noch weitere Unwörter benannt, die man schnell entsorgen sollte: Aufzuchtprämie, Gluckengehalt, Gebärmaschine.

Vielleicht haben die sechs Juroren ja auch bloß an ihre Mütter oder Großmütter gedacht, für die es eine Selbstverständlichkeit war, ihren Kindern nach dem Motto »Eigener Herd ist Goldes wert« eine warme Mahlzeit zu kochen. Auf jeden Fall haben sie so ganz nebenbei eine Lanze für die hauptberuflichen Hausfrauen und Mütter gebrochen, die durch den Herdprämien-Vorwurf verspottet werden. Ausgerechnet die Anhänger der politischen Korrektheit müssen nun einsehen, dass man mit Spott und Häme sehr schnell ein Eigentor schießen kann.

Wer Kinder erzieht, verdient Respekt und keine verbalen Prügel. Kritik an berechtigten Missständen darf nicht zu einem sprachlichen Missgriff verkommen.

Seit 1991 suchen die Sprachexperten Formulierungen, »die sachlich grob unangemessen sind und sogar die Menschenwürde verletzen«. Paradebeispiele der letzten Jahre: »Rentnerschwemme« für die zunehmende Zahl alter Menschen und die berühmt-berüchtigten »Peanuts«, mit denen der damalige Chef der Deutschen Bank, Hilmar Kopper, 1994 geringschätzig über offene Rechnungen in Millionenhöhe redete.

Solche Unwörter sind der Beweis, wie durch Sprache verharmlost und verniedlicht, verspottet und verletzt werden kann. Den Sprachschöpfern sollte man schnellstens das Handwerk legen, denn wie sagte einst Johannes Rau: »Unworte bereiten Untaten den Boden.«

Wörter können wie Waffen wirken, Schlagworte können töten wie Blicke. Manche können allerdings auch die Augen öffnen und einen komplizierten Tatbestand auf einen einfachen Nenner bringen. »Subventionsheuschrecke« nannte Jürgen Rüttgers völlig zu Recht den finnischen Nokia-Konzern, der sein Bochumer Werk schließen will.

»Wisse immer, was du sagst«, mahnte der Dichter Matthias Claudius vor 200 Jahren. Dieser Rat ist aktueller denn je.

Über den Papst und die Belebung einer toten Sprache

Für die einen ist es ein Rückfall ins Mittelalter, für die anderen eine überzeugende Antwort auf die Globalisierung: Die Wiederzulassung, weltweit gleichlautend in den katholischen Kirchen die Liturgie in lateinischer Sprache zu feiern.

Nun will ich als Protestant über den Papst und die spektakuläre Korrektur seines Vorgängers Papst Paul VI. kein Urteil fällen, aber eines hat Benedikt XVI. geschafft: eine längst totgesagte Sprache wieder zum Leben zu erwecken und zu unterstreichen, dass Latein eine globale Universalsprache ist, die die Welt verbindet und durch die man viele Sprachen leichter verstehen und erlernen kann.

Wer seinen Urlaub in Italien verbringt und an der Küste das Schild »Aqua alte« sieht, wird nicht vor altem, verunreinigtem Wasser gewarnt, sondern vor der Lebensgefahr durch »Tiefes Wasser!«. Für den, der etwas Latein im Hinterkopf hat, ist auch »Servus« kein Toilettenpapier für den Lokus (!), sondern das lateinische »Hallo!« (wörtlich: zu Diensten), wie es in Süddeutschland noch üblich ist.

Selbst aktuelle TV-Nachrichten sind ohne altes Latein kaum zu verstehen. Da wünscht sich der Anwalt des in der Türkei angeklagten Uelzener Schülers Marco W., die Richter mögen doch bitte »in dubio pro reo« entscheiden, im Zweifel für den Angeklagten, und die Wetterfee erklärt uns die trüben Aussichten mit »Cumulus-Wolken«.

Auch die Berufssprache der Ärzte und Biologen ist nun mal Latein, ähnlich wie sich Computerfreaks und Banker am liebsten englische Wortbrocken um die Ohren hauen. Und selbst deren Grundwörter stammen oft aus dieser uralten Sprache, und wer die kennt, ist besser dran. Auch Asterix und Obelix sind ohne Lateinkenntnisse schwer zu verstehen. Es gibt Karl Mays Winnetou genauso auf Latein wie den ersten Teil von Harry Potter, das Internet-Lexikon Wikipedia bietet weit mehr als zehntausend Artikel auf Latein und eine finnische Radiostation sogar eine Nachrichtensendung.

Der Papst hat schon richtig erkannt: Keine Sprache ist so weltweit verbindend und so lebendig wie das angeblich tote Latein, das einmal Amtssprache des Römischen Reiches und europäische Verkehrssprache war. Die Bekenntnisse der Kirchen und der Westfälische Friede von 1648 sind genauso in Latein verfasst wie ein Satz, der im kommenden Bundestagswahlkampf gut vorstellbar wäre. Da könnte ein talentierter Redner namens Lafontaine der SPD folgendes Koalitionsangebot machen: »Gehen wir stante pede in medias res und legen die Agenda 2010 mit unserem Veto ad acta, denn ein solcher Lapsus der Politik macht nicht nur den Autor zur Persona non grata, sondern führt den Status quo unseres Sozialstaates ad absurdum.« Für mich hat es sich schon mal gelohnt, dass ich mich neun lange Schuljahre durch die Werke von Cicero, Cäsar und Cato gemüht habe...

Über die Vermittlung von Nachrichten als Dienstleistung an der Demokratie

Das sei schon frustrierend, meinte der Kollege: »Da müht man sich ab, um den Zuschauern in fünfzehn Minuten einen Vierundzwanzig-Stunden-Tag komprimiert und konzentriert zusammenzufassen, doch die verstehen nur Bahnhof.« Er bezog sich auf eine Umfrage, die von der Berliner »BZ« veröffentlicht wurde: Danach begreifen 88 Prozent der Befragten nicht mehr jede Meldung der »Tagesschau«. Die Nachrichten seien zu kompliziert formuliert, als dass man sie kapiere, beim Zuschauer bleibe immer weniger hängen.

Wenn der alte Kalauer stimmt, heißen Nachrichten eben deshalb Nachrichten, damit man sich danach richten kann. Informationen sollen in Form bringen, sollen helfen, die Welt zu verstehen und die Probleme des Alltags zu lösen.

Deshalb ist es eine Bringschuld der Nachrichtenmacher, die Meldungen so zu vermitteln, dass sie auch »ankommen«. Dabei bedarf es jedoch auch einer Minibereitschaft der Konsumenten.

Schon die Schule muss dabei helfen. Nur weniges ist wichtiger, als Kindern und Jugendlichen den Umgang mit Nachrichten beizubringen, mit dem Fernsehen, mit der Zeitung: Medienpädagogik gehört ganz oben auf den Stundenplan.

Wie schwer und lehrreich es ist, verständlich zu formulieren, habe ich bei der Entwicklung der ZDF-Kindernachrichten »logo« selbst erlebt. Diese »Schule«

will ich nicht mehr missen, und das schönste Kompliment ist immer die Zuschauerreaktion, in der es heißt: »Sie versteht man wenigstens.«

Verständlich darf nicht mit dümmlich, erklärend nicht mit belehrend verwechselt werden. Eine Nachrichtensendung ist keine Volkshochschule, aber auch keine Ansammlung elitärer Fremdwörter und Fachbegriffe. Sie ist Dienstleistung an der Demokratie. Redakteure bieten ihre Dienste beim Sichten der Wirklichkeit an, bieten Hintergründe und Erläuterungen. Zuschauer und Leser haben ein Recht, die komplexe Welt zu verstehen, sie brauchen Ordnung und Einordnung im Dschungel der Informationen.

Wer weiß schon auf Anhieb, was mit Schlagwörtern wie »Hartz IV« oder »Föderalismusreform« wirklich gemeint ist? Das gilt auch für uns Redakteure. »Politiker und Journalisten teilen das traurige Schicksal, dass sie heute schon über Dinge reden, die sie morgen erst ganz verstehen«, meinte einst Helmut Schmidt.

Nachrichten dem Menschen nahebringen heißt, nah am Menschen, bei seiner Sprache und seiner Alltagswelt zu sein. Leser und Zuschauer müssen das Gefühl haben: Da nimmt mich einer an die Hand, dem ich vertrauen und den ich verstehen kann, und der erklärt mir, was wirklich wichtig ist und was mich betrifft.

Glaubwürdigkeit und Sachverstand, Verlässlichkeit und Verständlichkeit sind Seiten derselben Medaille.

Über Antworten der Ausländer und Fragen an uns Inländer

Erst dachte ich, ich hätte mich ins Trainingslager der Quizkandidaten von Günther Jauch oder Jörg Pilawa verirrt. Auf der Walliser Skihütte warfen sich nämlich die meist deutschen Urlauber nach dem Motto »Hätten Sie's gewusst?« diverse Fragen zu und versuchten, die Antworten zu finden: »Welches ist das berühmteste Gemälde von Caspar David Friedrich?« – »Wann wurde die Bundeswehr gegründet?« Und: »Wer entdeckte den Cholera-Erreger?«

Als Preis gibt es allerdings keine Euro-Million zu gewinnen, sondern die deutsche Staatsbürgerschaft.

Es geht um den »Wissens- und Wertekatalog« der hessischen Landesregierung, dessen Beantwortung in das Einbürgerungsprogramm von Ausländern aufgenommen werden soll. Hundert Fragen zu Deutschland und Europa, zu Geschichte und Grundgesetz, zu Kultur und Wissenschaft. Fragen, mit denen man sicherstellen will, dass jemand den deutschen Pass »verdient« hat und nicht in unser Land kommt, um als Verfassungsfeind oder gar Terrorist zu agieren.

Grundsätzlich finde ich richtig und wichtig, dass Neubürger über unser System, über Werte, Sitten und Bräuche Bescheid wissen müssen. Einbürgerung zum Nulltarif gibt es nirgendwo, eine Staatsbürgerschaft ist eben mehr als die Mitgliedschaft in einem Kegelclub.

Aber kann nicht auch der ein guter Deutscher sein,

dem nicht auf Anhieb drei Mittelgebirge einfallen oder der Goethe nie gelesen hat?

Wäre der Hessen-Test wirklich ernst gemeint, wir stünden vor einer Ausbürgerungswelle gigantischen Ausmaßes. Ich habe schon Akademiker schwitzen sehen, wenn sie die neuen Bundesländer und deren Hauptstädte aufzählen sollten. Oder fragen Sie mal Abiturienten nach dem Grundgedanken der Gewaltenteilung. Ohne Publikums- und Telefonjoker müssten ganze Heerscharen ihre Diplome samt ihrer Staatsbürgerschaft abgeben.

Sollten wir nicht erst mal unsere eigenen Lehrpläne durchforsten, bevor wir von einem afghanischen Flüchtling wissen wollen, wie der dreistufige deutsche Verwaltungsaufbau aussieht? Das Grundgesetz beschreibt einen Wertekanon – und verlangt nicht die Qualifikation für Ratesendungen.

Aber vielleicht lernen Ausländer anhand dieses Tests, was typisch deutsche Gründlichkeit ist. Und wie oberlehrerhaft und mit erhobenem Zeigefinger verantwortliche Politiker bei uns gern agieren.

Ein Erich Kästner hätte aus dieser Posse ein Buch gemacht, Loriot mindestens einen Sketch – und Harald Schmidt ist bestimmt glücklich über diese Grundversorgung mit Satirestoff!

Nach Werk und Wirken dieser drei Herren wird übrigens nicht gefragt – dabei sind auch sie Deutschland, Gott sei Dank!

Damit wir trotzdem was zu lachen haben, sollte der Test zunächst bei den wahlkämpfenden Politikern durchgeführt werden. Wer durchfällt, verliert seinen Rentenanspruch ...

Über das Handy im Flugzeug und das Gequatsche über den Wolken

Nirgends ist man vor ihnen sicher: weder im Kino noch im Konzert, weder im Restaurant noch beim Einkaufen. Ja, selbst in der Kirche rauben sie einem die Nerven. Will man ihnen entgehen, muss man schon ins Krankenhaus kommen oder ins Flugzeug steigen. Dort sind die Handys nämlich verboten, die uns zu Zwangszuhörern fremder Gespräche degradieren oder mit ihren Klingeltönen nerven.

Doch eine dieser handyfreien Ruhezonen wurde bereits geknackt: Die Passagiere von Emirates, der Fluggesellschaft von Dubai, dürfen ihr Handy auch an Bord benutzen. Moderne Technik macht möglich, dass die himmlischen Gespräche über eine Außenantenne via Satellit in die irdischen Telefonnetze gelangen, ohne die Elektronik der Maschine zu stören.

Gestört werden allerdings die Passagiere, die sich das Geplapper und Gebimmel in der Kabine anhören müssen. Vorbei die schönen Zeiten, als man sich bequem im Sessel zum Nickerchen oder Lesen zurücklehnen konnte, sobald man aufgefordert wurde, aus Sicherheitsgründen die Mobiltelefone auszuschalten.

Es ist ein Zeichen von Unkultur, dauernd und überall erreichbar zu sein. Hat man ein Handy, gehört man dem Handy, es hat einen sozusagen in der Hand.

»Ohne Handy sind Sie nackt«, wirbt ein Hersteller. Das stimmt höchstens insofern, als auch diese Mode Stil und Etikette erfordert. Es ist entschieden unhöflich, wenn man bei einer Essenseinladung oder einer Verabredung gleich sein Handy auf den Tisch knallt.

Die direkte Kommunikation leidet, man widmet sich nur halbherzig und mit halbem Ohr den Menschen, mit denen man gerade zusammen ist, weil man ständig an- und abrufbar ist. Die persönliche Begegnung wird gestört, Gespräche jäh abgebrochen. Man würdigt den momentanen Gesprächspartner zum passiven Zuhörer herab.

Das einstige Statussymbol der Wichtigtuer ist längst allgemeiner Gebrauchsgegenstand, interessanter sind die Leute, die ohne das Gerät auskommen.

Karl Lagerfeld und Oskar Lafontaine, Harald Schmidt und Helmut Kohl sind bekennende Handymuffel und erledigen dennoch ihre Arbeit. Natürlich braucht man das Rad des Fortschritts nicht zurückzudrehen, Handys können lebensrettend sein und sind für Ärzte und Feuerwehrleute unersetzlich.

Aber wenn ich einen jungen Mann mit seiner Freundin am Strand entlang spazieren sehe, den Arm lässig um ihre Schultern und das Handy am Ohr? Das soll wohl cool aussehen, ist aber in Wahrheit eine Demonstration kalter Gefühle. Souverän ist jemand, der seinen Wert nicht vom Handy am Ohr abhängig macht und seinen Knigge im Kopf, besser: im Herzen hat und weiß, wo das Telefon ausgeschaltet gehört, ohne dass man dazu aufgefordert werden muss.

Ein Handy zu besitzen gibt niemandem das Recht, es allerorts und allezeit zu benützen. Und es ist schon bemerkenswert, wenn eine Gesellschaft, die auf Kinderlärm gereizt reagiert, sich das Gebimmel und Gequassel ohne Widerspruch gefallen lässt.

Über ein verfilmtes Sakrileg und die wahren Probleme der Kirche

Falls es im Urlaub mal regnen sollte, habe sie etwas Superspannendes zum Lesen für mich, meinte die fürsorgliche Kollegin und drückte mir einen Riesenwälzer in die Hand. Im Nachhinein bin ich froh, dass es tatsächlich mal geregnet hat, denn ich kam von dem Buch bis zur letzten Zeile nicht mehr los: Der Titel lautet »Sakrileg« und dieser Roman wurde als Religionskrimi auch verfilmt.

Dazu gibt es tatsächlich einiges anzumerken, auch abseits von Thrillerstoff und Starbesetzung: Der Vatikan ruft zum Boykott auf, die orthodoxe Kirche indirekt zu Protestaktionen. Und was verboten ist, wird bekanntlich gleich doppelt interessant ...

Aber ähnlich wie beim zutiefst albernen TV-Comic »Popetown« frage ich mich angesichts des panischen Geschreis vor allem eins: Wie schwach muss ein Glaube sein, der ein solches Buch, einen solchen Film nicht aushält? Wie wenig müssen die aufgeschreckten Pfarrer ihren Gläubigen an Wissen vermittelt haben, dass sie nun befürchten, Leser und Seher könnten vom Glauben abfallen?

Ich fühle mich als Christ weder verunglimpft, noch gerät mein Glaube ins Wanken – ich habe mit »Sakrileg« vielmehr einen spannenden Thriller gelesen, der ist, was er sein will: Fiktion, kein Faktum. Hintergründige Unterhaltung, keine historische Unterweisung. Autor Dan Brown weiß, wie man mit einer rasanten

Schnitzeljagd durch Religions- und Kunstgeschichte den Adrenalinspiegel der Leser hochhält. Ein dankbarer Stoff für Liebhaber von Verschwörungstheorien, aber nichts für die Praxis echter Wissenschaft.

So gibt es zum Beispiel in Harvard den Lehrstuhl für »Symbolforschung« der Hauptfigur Professor Langdon überhaupt nicht. In der französischen Übersetzung wurden lange Passagen über Paris komplett umgeschrieben, weil die Geographiekenntnisse des US-Autors mehr als mangelhaft sind. Und dass Jesus mit Maria Magdalena ein Kind gehabt haben soll, ist eine uralte, durch keine antike Handschrift je bewiesene Klamotte. Wozu also die ganze Aufregung?

Buch und Film sind keine Anfechtung des Glaubens, sondern eine Anregung des Verstands. Neben der erlaubten Geldmacherei durch hohe Auflagen will Dan Brown, wie er sagt, »ein neues Interesse an wichtigen Themen des Glaubens anstoßen«. Christen sollten diesen Ball aufnehmen, sonst gibt's schnell ein Eigentor.

Wenn viele Menschen ihr einziges Bibelwissen aus solchen Büchern beziehen, ist das keine Provokation, sondern ein Problem der Kirchen. Das lässt sich sicher lösen. Ganz bestimmt aber nicht durch Verbieten und Verteufeln.

Über Harry Potter und den Wunsch nach dem ewigen Leben

Was haben wir Rotz und Wasser geheult. Im Kino herrschte blankes Entsetzen, als unser großer Held Winnetou tot zusammenbrach. Damals, im Herbst 1965, beim dritten Teil der Winnetou-Serie, mussten wir Kinder auf der Leinwand mit ansehen, wie sich der Schurke Rollins aus dem Hinterhalt an Old Shatterhand heranschlich, um ihn zu meucheln. Doch Winnetou bemerkte den Banditen, warf sich todesmutig vor seinen Blutsbruder. Von den Kugeln getroffen, sank er zu Boden und starb in seinen Armen. Unser Held ging in die ewigen Jagdgründe ein und selbst die erwachsenen Zuschauer verdrückten damals manche Träne.

So oder ähnlich soll es nun der bekanntesten Romanfigur der Gegenwart ergehen. Zwar will die Autorin noch nichts über die Todesart verraten, aber dass Harry Potter im siebten und letzten Teil der erfolgreichsten Buchserie aller Zeiten sterben soll, das scheint für Joanne K. Rowling so gut wie ausgemacht.

Zum Entsetzen der Millionen Potter-Fans kündigte sie diesen Entschluss an und erntete beispiellosen Massenprotest. In E-Mails und Briefen flehen seitdem Kinder und Jugendliche aus aller Welt um Gnade für ihren Harry.

Die Kids bekommen jetzt Schützenhilfe von zwei ausgewachsenen Schriftstellern: Die amerikanischen Bestsellerautoren John Irving und Stephen King baten ihre Kollegin, den Zauberlehrling überleben zu lassen.

Bei einer Wohltätigkeitsveranstaltung in New York beschworen die beiden die Britin, ihr literarisches Todesurteil noch mal zu überdenken. »Ich drücke Harry ganz doll die Daumen«, sagte Irving, während King cool hinzufügte: »Ich will nicht, dass er über die Klinge springt.« Die Szene sei rührend gewesen, berichten Journalisten, die dabei waren. Da wechseln zwei schriftstellerische Vollprofis, die in ihren Romanen schon Dutzende von Helden zu Tode geschrieben haben, das Thema einer Veranstaltung und reden ihrer Kollegin öffentlich ins Gewissen.

Die beiden wissen zwar, dass der Tod eines Helden zur Dramaturgie eines Romans gehört. Doch in diesem Fall ergreifen sie Partei, versetzen sich in die Rolle der jungen Leser und argumentieren aus Kindersicht. Es sollen einfach keine Tränen fließen oder schlaflose Nächte entstehen, nur weil der beliebte Zauberschüler mit der runden Brille sterben muss.

Dass mit einer Lieblingsfigur die Geschichte einer ganzen Serie sterben kann, erlebten wir bei der amerikanischen TV-Soap »Dallas«. Als da der smarte Bobby Ewing, der einzig Gute in diesem durchtriebenen Öl-Clan, den Filmtod starb, wurde er auf lächerliche Weise wieder zum Leben erweckt. Weil die Einschaltquoten dramatisch sanken, stand er nach einem halben Jahr plötzlich unter der Dusche und tat, als seien die Folgen ohne ihn ein Traum gewesen.

Dieses Schicksal könnte Joanne K. Rowling erspart bleiben, wenn sie auf die Stimme ihrer Kollegen und das Flehen der Fans hört und ihr Buch noch mal umschreibt. Das wäre dann ein passendes Happy End einer rührenden Lebensrettungsaktion.

Über Mohammeds Verhöhnung und die Verspottung christlicher Werte

»Meint ihr, ich finde es witzig, wenn das Kreuz von Jesus Christus als Klopapierhalter verhöhnt wird?«, empörte sich ein Kollege, als wir über den Konflikt um die Mohammed-Karikaturen diskutierten. Das Kreuz als Kernsymbol christlichen Glaubens so in den Dreck zu ziehen, wie das vor Jahren ein deutsches Satiremagazin machte – verglichen damit seien die dänischen Zeitungen geradezu harmlos.

Natürlich waren wir uns einig, dass Presse- und Meinungsfreiheit hohe Grundwerte sind und die Gewaltaktionen fanatischer Islamisten völlig überzogen. Und doch hat der Kollege die andere Seite der Medaille gezeigt: Was ist uns denn eigentlich noch heilig? Achselzuckend gehen Christen trotz Spott und Hohn für Gott und seinen Sohn zur Tagesordnung über, während Moslems sich gegen die Verhöhnung ihres Religionsgründers wehren. Dass der Weg der Gewalt kriminell ist, steht außer Frage. Eine Anfrage an uns ist der ganze Vorgang jedoch auch.

Ich beobachte eine zunehmende Tendenz in Zeitschriften, Fernsehen und Werbung, auf Kosten christlicher Symbole Witze zu reißen. »Kann ich ein Stück aus der Dornenkrone haben, ich bin Vegetarier?«, hieß es in einer Comedy-Show. Eine Plattenfirma warb mit einem gekreuzigten Schwein, anstelle der Inschrift »INRI« war das Markenzeichen einer Punk-Band zu lesen. Das hat mit Meinungsfreiheit nichts mehr zu tun, das ist dreiste Blasphemie.

Wenn uns nichts mehr heilig ist, was soll unsere Gesellschaft dann noch zusammenhalten? Quellen kultureller Orientierung sind zu kostbar, um dem hemmungslosen Klamauk ausgeliefert werden zu dürfen. Dazu brauche ich keine Gesetze, sondern Verstand, es geht nicht um Recht, sondern um Respekt. Oder, um es ganz deutlich zu sagen: Wer seine Religion lebt und liebt, muss sich nicht verspotten lassen.

Wer aber vor nichts und niemandem Respekt hat, Tabugrenzen missachtet und Würde für ein Fremdwort hält, der ist dekadent. Dekadenz heißt Abstieg – irgendwann geht es nicht mehr tiefer. »Der Verlust der Scham ist das erste Zeichen von Schwachsinn«, meinte Sigmund Freud. Wenn man schon keine Ehrfurcht vor Gott hat, sollte man wenigstens denen Respekt entgegenbringen, die an ihn glauben.

»Beim Glauben an Gott geht es um eine heilige Sache«, sagt der Mannheimer Liedermacher und Soulsänger Xavier Naidoo. »Über alles mache ich Witze, nur nicht über meinen Glauben«, meint der deutsch-türkische Comedian Kaya Yanar (»Was guckst du?«).

Natürlich brauchen wir Witz und Satire, um uns Luft zu machen, den Blick zu weiten oder Missstände aufzudecken. Von Karikaturen als konstruktiver Kritik ist Religion nicht ausgenommen, solange deren Herzstück heilig und die Humoristen tolerant bleiben.

Harald Schmidt, den viele für einen alles verneinenden Zyniker halten, hat eingestanden, er habe seiner Mutter versprechen müssen, bei seinen Auftritten den Glauben nicht zu verhöhnen. Dass er sich bis heute daran hält, ist keine Feigheit, sondern Klugheit.

Über Angst vor dem Islam und die Relativierung des eigenen Glaubens

Müssen wir Angst vor Muslimen haben? Knickt unsere Justiz vor dem Islam ein? Wird deutsches Recht von der islamischen Scharia unterwandert? Fragen, die besorgt und bestürzt diskutiert werden, auf den Konferenzen der Spitzenpolitiker genau wie an der Supermarktkasse oder in der Kantinenschlange. Anlass der Empörung ist die Entscheidung einer Frankfurter Familienrichterin, die in einem Scheidungsverfahren eheliche Gewalt unter Verweis auf den Koran gerechtfertigt hat.

Geschürt wird die Angst verblüffend einhellig von populären Politikern und fortschrittlichen Feministinnen, die plötzlich immer schon gewusst haben wollen, dass muslimische Täter unter Berufung auf ihre Kultur zu milde verurteilt worden sind.

Können wir denn gar kein Vertrauen mehr in unseren Rechtsstaat haben? Ist der so leicht auszuhebeln? Vielleicht handelt es sich ja auch gar nicht um eine konkrete, sondern um eine gefühlte Angst, weil wir überrascht sind, dass andere einen Glauben haben und sich darauf berufen.

Das entschuldigt keineswegs, wenn Muslime ihre Verbrechen mit ihrem Gewissen begründen, spricht aber Bände über uns und unsere eigene Kultur.

Wir erschrecken ja beinahe, sobald sich jemand zu seinem Glauben bekennt, ohne ihn gleich zu relativieren oder zu ironisieren. In einer Zeit, die Papst Benedikt XVI. als »Diktatur des Relativismus« beschreibt, steht schon unter Fundamentalismus-Verdacht, wer einen festen Glaubensstandpunkt vertritt.

Ein Kollege berichtete mir von einer Party, auf der ein junger Mann wie das achte Weltwunder bestaunt wurde, weil er zwischen Fußballergebnissen und Modetipps davon sprach, dass er an Gott glaubt und in die Kirche geht. Und das nicht, weil der Pastor ein »Supertyp« ist, sondern weil ihm der Glaube wirklich etwas bedeutet.

Dabei hängen wir doch am liebsten an alles gleich ein relativierendes Aber: »Ich finde den Papst gut, aber...« – »Ich bin ja kein Atheist, aber die Institution Kirche...« Kein Wunder, wenn uns überzeugte Juden oder Muslime verachten, weil wir nur Spott für Gott übrighaben und bis in die Werbung hinein auf Kosten christlicher Symbole Witze reißen.

Wenn uns nichts mehr heilig ist, was soll unsere Gesellschaft dann zusammenhalten?

Wer seine Religion lebt und liebt, muss sich nicht verspotten lassen. Wenn man schon keine Ehrfurcht vor Gott hat, sollte man wenigstens denen Respekt entgegenbringen, die an ihn glauben. »Zukunft ist Herkunft«, sagte der Heidelberger Philosoph Hans-Georg Gadamer. Und ohne festes Fundament steht Toleranz auf tönernen Füßen.

Über Imame und die Freiheit der Religion

Dass die rechtsextreme NPD in Frankfurt/Main gegen den Bau von Moscheen demonstrieren konnte, zeigt die Freiheitsstärke unseres Grundgesetzes – nicht die Überzeugungskraft der wirren Argumente brauner Hetzer. Seine Verbündeten kann sich niemand selber aussuchen, sie können einem jedoch weder den Mund noch das Thema verbieten. In diesem Sinne hat der jüdische Publizist Ralph Giordano den »parasitären Bundesgenossen mit ihren braunen Anschleimungsversuchen« widerstanden und kämpft in Köln gegen den Bau einer Moschee.

Auch ich frage mich: Wie viele Moscheen verträgt unser Land? Die Antwort ist einfach. Unser Land verträgt alles, was das Grundgesetz trägt und unsere gewachsene Kultur erträgt. Das lateinische Wort für »Ertragen« ist Toleranz.

Aus der Tradition des Widerstandes gegen die Nazidiktatur wurde dem Grundgesetz die Präambel vorangestellt: »In Verantwortung vor Gott und den Menschen.« Gemeint ist der Gott der Zehn Gebote und der Bergpredigt, aus deren Wurzeln Menschenrechte, Menschenwürde, Gleichheit vor dem Gesetz, Gleichberechtigung von Mann und Frau, Meinungsfreiheit usw. erwachsen sind.

Dazu gehört auch das hohe Gut der Religionsfreiheit. Es spricht für die Toleranz unserer Tradition, dass Muslime auch im Land von Luther, Papst Benedikt und

Ralph Giordano ihren Glauben frei leben können. Toleranz ist jedoch keine Einbahnstraße. Nur den Hauch solcher Freiheit wünscht man sich in islamischen Ländern, wo bereits der Besitz einer Bibel mit Gefängnis bestraft werden kann, es kein Recht auf Religionswechsel gibt, christliche Versammlungen und der Bau von Kirchen sanktioniert sind. So warnt der Reiseratgeber der Saudi Arabian Airlines davor, dass Bibeln, Kruzifixe und Davidsterne in Riad beschlagnahmt werden können.

Ich habe nichts gegen Moscheen, in denen Frauen und Männer gleichberechtigt sind, sich Imame auch um zwangsverheiratete Mädchen kümmern und der eigene Glaube so gelebt wird, dass Integration möglich ist. Doch ich will wissen, woher die Millionen Euro für die Mammutbauten kommen, was dort gelehrt und gelebt wird.

Nicht nur christliche Bischöfe, auch die linken Autoren Günter Wallraff und Klaus Staeck warnen vor falscher Toleranz gegenüber dem Islam und vor »übermächtigen Monumentalmoscheen mit Muezzin-Rufen«. Unsere Gesellschaft dürfe nicht alles aufs Spiel setzen, was sie sich über Jahrhunderte erkämpft hat. Auf dieser kulturellen Selbstbestimmung bestehe ich. Wer das nicht will, den verträgt unser Land nicht. Doch vielleicht geht es ja weniger um die Stärke des Islams, als um die Schwäche des Christentums, das Toleranz oft mit Gleichgültigkeit verwechselt.

*Über Morde im Namen der Ehre
und unsere Mitschuld daran*

Das kannte ich nur aus dem Kino: Die schockierende Szene im Film »Alexis Sorbas«, in der dieses Ritual von den Männern des Dorfes an einer jungen Witwe vollzogen wird. Doch aus der Film-Fiktion ist Realität geworden. Es passiert mitten unter uns und immer häufiger und produziert schlimme Schlagzeilen. Erst vergangenen Donnerstag wurde das jüngste Opfer in Hamburg beerdigt, und wir mussten das hässliche Unwort wieder lesen und hören: Ehrenmord.

Eine 16-jährige Deutsch-Afghanin war vom eigenen Bruder erstochen worden, weil sie den westlichen Lebensstil ihrer Freundinnen pflegte. Er wollte damit die Ehre seiner Familie wiederherstellen, begründet er seine Tat.

Da Worte für Inhalte stehen und Sprache immer auch der Spiegel der Zeit ist, bin ich erschrocken darüber, wie locker und leicht wir mit dem relativierenden Begriff »Ehrenmord« umgehen. In vielen Zeitungsartikeln fehlen die Anführungszeichen, in vielen Nachrichtensendungen das Attribut »sogenannter«. Solche Sprache ist verräterisch. Sie verrät unschuldige Opfer und verrät unglaubliche Gedankenlosigkeit der öffentlichen und veröffentlichten Meinung. Wer die Sprache der Täter kritiklos übernimmt, macht sich mitschuldig. So wird ein Schlagwort zum Schlag-Wort.

»Ehrenmord« ist nichts anderes als das genaue Gegenteil. Von Schandmord sollte man sprechen, von einem »Verbrechen aus niederen Beweggründen«, wie es im Strafgesetzbuch genannt wird. Als könne »die Ehre« es rechtfertigen, jemanden umzubringen!

Rund 50 meist muslimische Frauen sind allein in Deutschland seit 1996 durch dieses Ritual ums Leben gekommen, in der Türkei spricht die Regierung offiziell von einem »Ehrenmord« pro Tag, weltweit sind es laut UNO mindestens 5000 jährlich, die Dunkelziffer liegt bei bis zu 100 000, meist in islamisch geprägten Ländern.

Die Täter, meist enge Verwandte, wollen damit die Familienehre wiederherstellen. Und weil diese »Ehre« als höchstes Gut angesehen wird, gehen die Mörder in vielen Ländern sogar straffrei aus. Weil dies in unserer Rechtsprechung anders ist, müssen wir die Distanz zu diesen Verbrechen auch sprachlich zum Ausdruck bringen.

Die Bibel, auf der unsere christlich-jüdische Tradition ruht, mahnt: »Ein und dasselbe Gesetz gelte für die Einheimischen und den Fremdling, der unter euch wohnt.« Das entschiedene Eintreten für Recht und Gesetz ist nicht reaktionär, sondern gebotene Pflicht.

Über ein mildes Urteil und klare Bischofsworte

Dürfen Bischöfe Urteilsschelte betreiben? Sollten sich nicht gerade Kirchenobere einer gepflegten Zurückhaltung bedienen? Darüber wird jetzt diskutiert, nachdem die beiden höchsten Repräsentanten der christlichen Kirchen, der Ratsvorsitzende der Evangelischen Kirche, Wolfgang Huber, und Karl Kardinal Lehmann, deutliche Kritik am Berliner »Ehrenmord-Urteil« geübt haben.

Bischof Huber hatte den Mord an der jungen deutsch-türkischen Mutter Hatun Sürücü im Gegensatz zu den Richtern als »kollektives Verbrechen einer ganzen Familie« gebrandmarkt. Die 23-Jährige war von ihrem jüngsten Bruder Ayhan auf offener Straße erschossen worden, weil ihrer Familie ihr westlicher Lebensstil nicht passte. Ihr »Verbrechen«: Sie hatte sich von ihrem zwangsangeheirateten Mann getrennt, eine eigene Wohnung bezogen und das Kopftuch abgelegt. Der Mörder ist verurteilt, seine mitangeklagten Brüder sind »aus Mangel an Beweisen« freigesprochen worden.

Bischof Huber dazu in einem Interview: »Dass sie an dieser Tat beteiligt waren, steht für mich fest.« Das ist Klartext, schnörkellos und unmissverständlich. Mutig, der Mann! Ich denke an Martin Luther, der bekanntlich dem Volk aufs Maul geschaut hat, oder an Jesus, der in seiner Bergpredigt sagte: »Eure Rede sei: ja, ja; nein, nein. Was darüber ist, das ist von Übel.«

Vieles, was kirchliche Kuscheldiplomatie bisher bot, schien mir eher vorsichtig, windelweich und tastend. Bloß niemandem auf die Füße treten, bloß nicht anecken und abstoßen. Doch von Kirche erwarte ich keine multireligiöse Lyrik, sondern Eindeutigkeit à la Papst Benedikt XVI. und Luther.

Interessant, dass Huber nicht nur von seinem katholischen Kollegen Lehmann Schützenhilfe bekam, sondern selbst vom Direktor des Essener Zentrums für Türkei-Studien, Faruk Sen: »Ich hätte den jüngeren Bruder härter bestraft und bei den beiden älteren nachgewiesen, dass sie daran beteiligt gewesen sind.« Auch der grüne Europaabgeordnete Cem Özdemir meint, man wisse doch, »dass solche Todesurteile gewöhnlich durch den Familienrat gefällt werden«. Von dieser Lebenswirklichkeit wollten die Richter offenbar nichts wissen. Wir haben es in falsch verstandener »Multikulti-Seligkeit« (Ex-Innenminister Schily) einfach nicht wahrhaben wollen, dass allein in Deutschland seit 1996 mehr als 50 Frauen wegen vermeintlich verletzter Familienehre ermordet worden sind.

Doch was heißt hier »Ehre«? Auch da Klartext. Bischof Huber: Er würde das Unwort »Ehrenmord« nicht einmal in Anführungszeichen in den Mund nehmen, denn das habe mit Ehre nichts zu tun. Schande sei das. Wer ein solch widerwärtiges Wertesystem »Ehre« nennt, hat auf dem Boden des Grundgesetzes keinen Platz. Der Staat hat die Pflicht, Regeln zu setzen und durchzusetzen. Das gilt für Politiker und Richter.

Über deutsche Bischöfe als polternde Populisten

Was waren das noch für Zeiten, als im Sommer 2005 Zehntausende junger Leute einem alten Herrn zujubelten, der mit ihnen Gottesdienst feierte und Mut zum Glauben und Hoffnung für die Zukunft machte. Alle wollten ein bisschen Papst sein, selbst die Evangelischen und die Skeptiker, als Benedikt XVI. beim Weltjugendtag in Köln die Massen begeisterte.

Seine Kinder hätten sich plötzlich für Religion interessiert und sich in der Gemeinde engagiert, erzählt ein Kollege, fügt aber resigniert hinzu: »Jetzt sind sie frustriert, weil aus dem Glaubensfest ein Meinungskrieg geworden ist.« Der Starrsinn mancher Bischöfe habe die Performance des Papstes zerstört, zitiert der Kollege seinen Sohn.

Schaut man in die Presse und die Talkshows, so liefern die Katholiken nur noch Schlagzeilen im Streit über Kinderkrippen und »Mütter als Gebärmaschinen« und darüber, wann man Kunst als »entartet« bezeichnen soll und warum man sich nicht entschuldigen kann, wenn ein Bischof einen vorbestraften Pädophilen wieder auf eine Gemeinde loslässt. Und dass man die Grünen als Christ nicht mehr wählen kann, weil Claudia Roth einen unbestreitbar dummen Satz gesagt hat.

Manche Bischöfe scheinen Lautstärke mit Überzeugungskraft zu verwechseln. Wer nach dem Sinn des Lebens sucht, fühlt sich von polternden Populisten schlecht beraten. Das Evangelium ist still, nie schrill. Kirche macht sich selber klein und traut ihrer eigenen Botschaft nicht, wenn sie durch Krach in die Schlagzeilen kommen will.

Natürlich darf Kirche nicht schweigen, wenn wehrloses Leben durch Abtreibung oder Embryonenforschung bedroht ist. Sie ist Stimme der Stummen, aber kein Lautsprecher für den Stammtisch. Krach und Krawall sind ein schlechter Werbeträger für ihre Botschaft.

Ihr Thema ist der Glaube, die Botschaft von Frieden und Versöhnung, nicht von gesellschaftlicher Spaltung und verbalem Krieg.

Damit hat Kirche in letzter Zeit Sympathie und Interesse selbst bei kritischen Intellektuellen gefunden.

Die Schlagworte von heute richten wohl eher Unheil an. Sie mindern den Wert der Kirche ausgerechnet in einer Zeit, wo Bücher über Gott und Glaubenserfahrungen die Bestsellerlisten dominieren.

Traurig, dass viele Skeptiker und junge Leute alte Vorurteile bestätigt bekommen. Gottes Bodenpersonal erweist der eigenen Sache einen schlechten Dienst, wenn es sich in Grabenkämpfen längst verlorener Schlachten verzettelt.

Bischöfe nennen sich Oberhirten. Keiner verlangt, dass sie sich aus aktuellen Fragen heraushalten. Hauptaufgabe von Hirten ist es jedoch, Schafe zu sammeln, zu weiden und zusammenzuhalten. Und Luthers Ratschlag zu beherzigen, dem Volk aufs Maul zu schauen, das eigene aber auch mal zu halten!

Die Klatsche aus Rom und die richtige Reaktion darauf

Ein katholischer Kollege, verheiratet mit einer evangelischen Frau, brachte es auf den Punkt: »Wann soll ich meinen Kindern beibringen, dass ihre Mutter ein Christ zweiter Klasse ist – vor oder nach dem gemeinsamen Tischgebet?«

Die beiden versuchten ihre drei Jungen christlich zu erziehen und freuten sich über das ökumenische Miteinander von Katholiken und Protestanten in ihrem Berliner Kiez. »Will der Papst etwa in die Zeit zurück, in der man die Straßenseite wechselte, wenn einem die falsche Konfession entgegenkam?«, fügte er hinzu.

Was die einen als klerikale Klatsche aus Rom empfinden, die den Protestantismus zu einer Raubkopie des Katholizismus degradiert, ist für andere eine selbstverständliche Bekräftigung bekannter Bekenntnisse. Luthers Kirche sei »keine Kirche im eigentlichen Sinn«, sondern nur eine »wichtige kirchliche Wirklichkeit«, so das Ratzinger-Ranking der Konfessionen.

Dass das Papstwort die Wiederholung längst bekannter Positionen darstellt, ist eine Binsenweisheit. Die Frage ist: Warum gerade jetzt, warum so schroff? Unter Christen sollte der Ton die Musik machen. Wer nach solchen Missklängen künftig ökumenische Kirchentage in frommer Harmonie feiert, muss sich den biblischen Vorwurf der Heuchelei gefallen lassen.

In Phasen, in denen der Glaube nicht gerade Hochkonjunktur hat, die Kirchen ums Überleben kämpfen und das Auftreten von Muslimen ein gemeinsames Eintreten für christliche Grundwerte gebietet, kommt das päpstliche Papier einer kalten Dusche gleich. Hier werden Fragen beantwortet, die keiner gestellt hat.

Als protestantischer »Papst-Fan« ist meine Enttäuschung umso tiefer. Benedikt XVI. ist ein grandioser Kommunikator des christlichen Glaubens. Wer als alter Mann die jungen Leute mit einer alten Botschaft so fasziniert, muss schon etwas zu sagen haben. Um dieser Jugend willen, die nach Gemeinschaft und nicht nach Abschottung sucht, sollte sich der Papst jetzt seines schönsten Titels entsinnen: Pontifex, auf Deutsch: Brückenbauer.

Das Zäuneziehen sollten wir den Fundamentalisten überlassen – Benedikt hat das nicht nötig. Er sollte aus der Kirchengeschichte wissen, dass Protestanten und Katholiken Brüder und Schwestern mit den gleichen Eltern sind.

Über die Klage mit dem Kreuz und das Kreuz mit den Klagen

Wie viel Toleranz kann man von Amts wegen erwarten? Kann ein Pädagoge gezwungen werden, in einem Klassenzimmer zu unterrichten, in dem ein Kruzifix hängt? In Bayern hatte ein 57-jähriger Grundschullehrer »aus gravierenden Gewissensgründen« gegen das Kreuz an der Schulwand geklagt. Seinen Prozess vor dem Verwaltungsgericht Augsburg verlor er allerdings: Auch wenn es ihn stört, darf er das Kreuz nicht abhängen.

Das Urteil mag manchem altmodisch vorkommen, vorgestrig, verstaubt und verzopft. Und auf den ersten Blick vor allem: intolerant.

Bei näherem Hinsehen ist es aber der Kläger, der sich als intolerant entlarvt, wenn er ein Holzkreuz als Zumutung empfindet. Der Mann hätte viele andere schöne Berufe wählen können. Nur nicht den des Lehrers, der Kinder zur Toleranz zu erziehen hat.

Und wenn schon unbedingt Lehrer, dann zwingt ihn niemand ausgerechnet nach Bayern, wo die Landesverfassung als oberstes Bildungsziel die »Ehrfurcht vor Gott« festschreibt.

So aber musste unser Mann reife 57 Jahre alt werden, um plötzlich in Gewissensnot zu kommen und zu erkennen, dass ihn ein Kreuz an der Wand massiv peinigt. Jahrelang hatte er damit offenbar keine Probleme. In meinen Augen ist der Lehrer aus Bayern der Prototyp des streitlustigen, klagefreudigen Nerv-Deutschen, der rechthaberisch und besserwisserisch mit allem und nichts Gerichte beschäftigt und belästigt.

Da gibt es Menschen, die eine Wohnung anmieten, die sie sich nur leisten können, weil sie über einer Kneipe liegt. Kaum eingezogen, bombardieren sie den Wirt mit Klagen wegen Lärm- oder Geruchsbelästigung. Andere kaufen günstige Grundstücke in der Nähe von Flughäfen und Autobahnen, erstreiten zunächst Lärmschutzwände und fordern anschließend, den Autobahnzubringer verlegen zu lassen.

Dieses Querulantentum ist eine besondere Variante des bekannten Sankt-Florian-Prinzips: Erst verschafft man sich die Vorteile, die man nur den Umständen verdankt, die man später als Nachteil ins Feld führt, um einen Prozess zu gewinnen.

Solche Leute, die wider besseres Wissen nur auf den eigenen Vorteil aus sind, sind nicht clever. Sondern dumm, dreist und nervig.

Über den Dalai Lama und seine wohlfeile Wellness-Lehre

Dann doch lieber den Papst oder so ein Mannsbild wie Martin Luther, der mit der Waffe des Wortes die Welt aus den Angeln gehoben hat!

So lautete die entschiedene Reaktion einer Bekannten, die den »Ozean der Weisheit« auf einer Veranstaltung besucht hatte – so wird »Dalai Lama« auf Deutsch übersetzt.

»Plauder-Plattitüden auf Kalenderspruch-Niveau«, schimpfte die Bekannte nach Ende des Vortrags und sprach verächtlich von einer »Seid-nett-zueinander-Religion«.

»Das Glück muss von innen kommen«, habe der Mann mit dem Dauerlächeln aus dem Meer seiner Weisheit geschöpft. Wie aus dem Poesiealbum zu Urgroßmutters Zeiten habe es geklungen, als er unter frenetischem Jubel meinte: »Der Zweck unserer Existenz ist Glücklichsein.«

Worin liegt die Faszination des weltweit populärsten Buddhisten seit Buddha? Zum 33. Mal war er jetzt in Deutschland, füllte Hallen und Plätze, während christliche Kirchen beim Sonntagsgottesdienst leere Bänke beklagen.

Diesen Dalai Lama umgibt eine Aura von Güte und Wärme, die seine Botschaft der Gewaltlosigkeit glaubwürdig macht. Er ist religiöser Guru und weltlicher PR-Mann in einer Person, bietet einen Mix aus Politik und Mission. Sein Credo klingt simpel, wirkt für uns jedoch wie Offenbarung pur: »Meine Religion ist Güte.« Ein Bekenntnis, mit dem man nichts falsch machen kann.

Doch stimmen die werbewirksamen Klischees einer zwanglosen Spiritualität? Der Münchner Religionswissenschaftler Michael von Brück, selber Buddhist, spricht vom »Coca-Cola-Buddhismus«: Kaum einer kennt die Zusammensetzung genau, aber es schmeckt irgendwie gut.

Der Gott ohne Kirchensteuer vertritt eine Wellness-Religion, die nichts fordert und keinem weh tut, die weder Himmel noch Hölle, weder Sünde noch Dogmen kennt. Ethik, Meditation und Weisheit sind die drei Säulen seiner Lehre zwischen Räucherstäbchen und Sinnsuche.

Unreflektierter Patchwork-Glaube kommt dem Trend zur Unverbindlichkeit entgegen, wo man Nirwana, Karma oder Mantra plötzlich ganz toll findet.

Als Christ erstaunt es mich, wie kritiklos dieselben Leute von der Botschaft des Dalai Lama schwärmen, die Jesus Christus in das Reich der Mythen verweisen. Selbst Gegner überschüttet der »Gott zum Anfassen« in Liebe mit seinen Beliebigkeiten und fasziniert mit entwaffnender Freundlichkeit.

Da bleibt der sonst so geschärfte Verstand des trendigen Sinnsuchers schon mal auf der Strecke ...

Über den Papst und die Teenie-Herzen

Es sind Bilder, die für sich sprechen: Junge Leute mit glücklichen Gesichtern, die ausgelassen feiern und singen, die aber auch still zuhören können und mit großen Augen einen Mann bestaunen, der ihr Urgroßvater sein könnte. Beim Weltjugendtag der Katholiken in Australien versteht es Papst Benedikt XVI. mit seinen 81 Jahren, Teenie-Herzen zu erobern.

Sydney erlebt eine Mischung aus Loveparade und Glaubensparty, doch es ist mehr dran an dem, was übers Fernsehen zu uns nach Hause kommt. Ausgelassene Freude und entschlossener Ernst wirken wie zwei Seiten derselben Medaille. Da reiben sich selbst Spötter die Augen und fragen sich, worin denn das Geheimnis besteht, dass dieser greise Mann mit seiner 2000 Jahre alten »Firma« gerade die Jugend von heute so fasziniert.

Vielleicht liegt es daran, dass er echt und authentisch ist, dass er gewinnend verkörpert, was uns irgendwie verlorengegangen ist in einer Gesellschaft, in der kaum jemand mehr zu seinem Wort steht – falls er überhaupt eines hat. Dieser Papst personifiziert Vertrauen und Verlässlichkeit, bietet kantige Positionen, an denen man sich reiben, an denen man sich aber auch festhalten kann.

Obwohl seine Positionen alles andere als eine Einladung zur Wohlfühl-Religion sind, wird es still im Hafen von Sydney, wenn er den Jugendlichen ins Gewissen redet. Seine Botschaften sind einfach, eindeutig und eindringlich, sie erreichen die Menschen mit einer seltsamen Kraft. Er prangert den Konsumrausch und die Ausbeutung der Erde an und geißelt genauso eine Mentalität, die das Lebensrecht Ungeborener und Pflegebedürftiger in Frage stellt. Dieser Mann hat den Mut, unbeirrt Unbequemes zu sagen, und das macht ihn so überzeugend. Er steht gegen den Zeitgeist einer beliebigen Belanglosigkeit, er bietet Rituale und zeigt, dass es noch etwas Heiliges gibt, das nicht der Mode unterworfen und dem Spott preisgegeben wird.

Unsere Kinder besitzen ein Recht auf Vorbilder. Dass der Papst wie ein Ersatzvater verehrt wird, sollte uns Erwachsenen zu denken geben. Genauso wie die Selbstverständlichkeit, mit der die jungen Leute in Sydney fröhlich, nicht fanatisch zu ihren Überzeugungen stehen.

Über Mönche als Pop-Stars und die wahre Madonna in den Charts

»Die Menschen haben diesen stumpfen Materialismus einfach satt, sehnen sich nach Sinn und spüren, dass da mehr sein muss, glaube ich.« So erklärt Pop-Pater Karl seinen Aufstieg in den Chart-Himmel. Die derzeit angesagteste »Boygroup« trägt weiße Kutten, gibt jeden Morgen um Viertel nach fünf ihr erstes Konzert und singt von Gott und der Ewigkeit. Die 17 Mönche aus dem Wienerwald haben es geschafft, mit ihrer CD sogar Madonna und Amy Winehouse von den Top-Plätzen der internationalen Hitparaden zu verdrängen – obwohl ihre Musik älter als 1000 Jahre ist.

Durch Zufall stieß die weltgrößte Plattenfirma Universal Music auf die Homepage des weltältesten Zisterzienser-Klosters Heiligenkreuz in Österreich und ein Video, das die Mönche, deren Wahlspruch »ora et labora« (bete und arbeite) lautet, bei ihren täglichen Verrichtungen zeigt: Fünfmal am Tag stimmen die Klosterbrüder gregorianische Gesänge an, schlichte Psalmen. Die Pop-Profis waren derart begeistert, dass sie eine CD daraus machten – und die Mönche zu Weltstars.

Dabei ist die monotone Melodie dieser Uralt-Lieder für moderne Ohren eher von unterirdischer Langeweile, doch empfinden nicht wenige den Klang der lateinischen Bibelworte als Ausdruck überirdischer Kraft. Vielleicht ist es ja gerade diese Ausrichtung auf das Jenseits, die so viele Menschen im Diesseits bewegt, sich in diese Musik zu versenken.

Der massenhafte CD-Absatz brachte die Mönche in den Hit-Himmel und bringt vielleicht manchen wieder zurück in die Kirche und näher zu Gott. Es sind meist junge Leute, die den erhebenden Gesang mit einer Faszination verfolgen, als käme er von einem anderen Stern. Uralte christliche Kultur wird plötzlich Kult.

Kritiker warnen bereits vor falscher Wellness-Religion, die nur auf gutes Gefühl aus ist, doch die singenden Mönche empfinden den Tadel als Lob: Schließlich sei die Kirche mit ihrer Liturgie von alters her für Wellness zuständig, für das Wohlergehen der Seele nämlich.

Statt Profi-Pop aus dem Computer richtige Mönche, richtige Gebete, richtige Kirche. Es ist eben doch nur das Echte, was wirklich zählt. »Wir möchten, dass Gottes Funke überspringt« – dieser fromme Wunsch von Pater Karl an seine neuen Fans ist ja nicht der schlechteste.

Über Kinder und Natur oder Der traurige Sieg über die Wirklichkeit

Ob das Reh die Frau vom Hirsch ist, wollten Meinungsforscher von Kindern wissen. Zwei Drittel der Befragten tippten prompt falsch und verwechselten bei den nachfolgenden Fragen munter Rehe mit Hirschen, Rehböcke mit Hirschkühen.

Ganz und gar uncool reagierten die Kids beim bekanntesten heimischen Vogel: Nur 70 Prozent der 7- bis 14-Jährigen erkannten auf einem Foto den Spatz und kamen anschließend völlig ins Schleudern, als sie erklären sollten, wo der denn so überall sein Nest baut.

Erschütterndes Fazit dieser Forsa-Umfrage: Unsere Kinder haben kaum Ahnung von heimischen Pflanzen und heimischen Tieren. Abseits des täglichen Telezoos, wo die Delphine Flipper, die Affen Charly und die Eisbären Lars heißen, gibt es ganz offenbar kaum noch Erlebnisse mit der echten Natur. Die Distanz zur Schöpfung wird immer größer.

Unvergessen die Schlagzeilen vor zwölf Jahren, als der erste »Jugendreport Natur« erschien. Damals glaubte ein Großteil der Befragten, Kühe seien lila und würden von kleinen Mädchen mit Gänseblümchen gefüttert. Die Werbung hatte über die Wirklichkeit gesiegt.

Ein Sieg, der wohl kein Zufall war, eine Niederlage, die sich fortsetzt. Denn was sich damals wie ein Gag las, wird durch neuere Untersuchungen noch übertroffen. Kinder und Jugendliche können Realität und Fiktion immer weniger unterscheiden, Umweltkenntnisse aus

Medien und Werbung ersetzen die selbsterlebte Beziehung zur Natur.

Playstation ist attraktiver als Waldspaziergang, Telezoo und Tiefkühltruhe dienen häufig als einziger Begegnungsort mit Tieren, Pflanzen und deren Produkten. Und ist man doch draußen in der Natur, sei es auf zwei Beinen oder vier Rädern, scheint unseren Kids die Ausschau nach dem nächsten Schnellrestaurant ergiebiger als der Ausblick auf die freie Wildbahn. Was ist schon ein Dachs gegen einen Doppelwhopper.

Auch wenn es für manchen altmodisch klingen mag – ich bekenne mich dazu: Wir Erwachsene müssen den Kindern die Natur wieder zum Erlebnis machen, Ferien auf dem Bauernhof oder eine Wanderung durch den Wald bieten spannendere Abenteuer als die organisierte Langeweile eines Cluburlaubs oder Computerwochenendes. Eine der Attraktionen der Berliner »Grünen Woche« ist ein Erlebnisbauernhof, auf dem Bäuerinnen komplette Schulklassen faszinieren. Kinder, die Stielaugen bekommen, wenn sie zum ersten Mal sehen, woher Milch und Wolle tatsächlich stammen.

Nutzen wir doch öfter die Gelegenheit und beweisen den Kindern in Wald und Zoo, dass Rehe, Schafe, Delphine und Affen dort interessanter sind als auf dem Bildschirm. Dass man sie sogar anfassen und füttern kann und ihre Namensvielfalt größer ist als Flipper, Bambi, Charly oder Robbie ...

Über den Bären-Schock im Land der Kuschel-Teddys

Berlin und Bern führen ihn als Wappentier, eine Lebensmittelfirma, deren Produkte von glücklichen Kühen stammen sollen, als Markenzeichen. Tausende Touristen suchen seine Spuren in Kanada, und in jedem Kinderzimmer sitzt er als Plüschversion oder ziert Tapete, Bettwäsche und Bilderbücher. Doch wenn er sich mal leibhaftig und in voller Größe in unseren Breiten blicken lässt, dann hat das hysterische Geschrei die Dimension von Weltuntergang. Es ist was los im Lande, denn der Bär ist los. Und statt zu staunen und zu jubeln, stöhnen und jammern wir, weil der Braunbär wie durch ein Wunder nach 170 Jahren wieder zurückgekehrt ist.

Wir träumen zwar von der guten alten Zeit mit der schönen heilen Natur, als es noch richtige Tiere in richtigen Wäldern gab, wo sich Fuchs und Hase »Gute Nacht« sagten und Wölfe, Luchse und Bären ihr Zuhause hatten. Doch wehe, sie kommen wirklich und stören unsere Kreise . . .

Wir haben es uns doch so bequem eingerichtet im Kuschelteddyland, in unserer keimfreien Zivilisation, in der wir Pflanzen Unkraut und Tiere Ungeziefer nennen. Wilde Tiere eingesperrt hinter Gittern oder verschlossen in Käfigen, die heimischen Vierbeiner geföhnt und gestriegelt, mit Regenjäckchen und Winterpelz als Spielzeuge oder gar Kinderersatz. Unsere Supermärkte bieten mehr Tier- als Kindernahrung, für jeden tierischen Gaumen die passende Delikatesse. Wir haben Wellnessfarmen für Katzen, beschäftigen »Dogwalker« und »Tiersitter«, buchen Pflegekurse, in denen man Welpen an den Föhn gewöhnt.

Doch wenn der Bär kommt und tut, was Bären nun mal tun, dann reckt man gerissene Schafe und zerbissene Hühnernester anklagend in die Fernsehkameras, schreit Zeter und Mordio und fordert Versicherungsschutz und Abschussprämien.

Und das bezeichnenderweise auch am »Tag der Artenvielfalt«, an dem uns Experten belehrten, dass wir bei uns zwar 48 000 Tierarten in freier Wildbahn haben, jedoch 520 bereits ganz ausgestorben oder verschollen sind.

Sind wir denn in Gummibärchenland völlig verrückt geworden? Kein Wunder, dass unsere Kinder Spatzen nicht von Spechten unterscheiden können und Kühe für lila Schokoladeproduzenten halten, die mit Gänseblümchen gefüttert werden.

Hoffentlich hat uns die Bärenschule der vergangenen Tage gelehrt, dass Schöpfung nicht nur aus ondulierten Pudeln und sterilisierten Katern, aus Zierfischen und Goldhamstern besteht. Und dass Tiere in unserer Wohlstands- und Wegwerfgesellschaft mehr sind als billige Lebensmittelproduzenten, die wir nach Geiz-ist-geil-Manier in Mastbetrieben und Legebatterien halten. Es geht nicht an, dass wir den Wildtieren erst den Lebensraum nehmen, um sie dann abzuknallen.

Über die Bären von Nürnberg und die Sehnsucht nach dem »neuen Knut«

Ich bin gespannt, wann die Ersten dazu aufrufen, Nürnberger Lebkuchen zu boykottieren oder gleich die komplette Frankenmetropole von der Besuchsliste zu streichen. Ein Zoo-Boss wagt doch tatsächlich, uns die Fortsetzung einer kollektiven Lovestory kaputtzumachen!

In den Höhlen des Nürnberger Tiergartens schlummern nämlich mindestens drei Eisbärenbabys, und der Herr Direktor erdreistet sich, der Öffentlichkeit kundzutun, er werde diese »Mini-Knuts« lieber verhungern lassen, als sie von Menschenhand aufzuziehen.

Ist der Mann denn von Sinnen? War der im vergangenen Jahr auf Tauchstation, als wir eine Nation von Bärenfreunden wurden und jedes Gramm, jeden Zentimeter von Fellknäuel-Knut bestaunten?

Der Fehler ist, dass wir glauben, über der ganz großen Knut-Show zu ganz großen Eisbären-Experten geworden zu sein. Dieses Privileg haben nun mal die Zoologen, und die tun jetzt nichts anderes als das, was wir Laien immer wieder einfordern, wenn wir eingesperrte Tiere bemitleiden: der Natur ihren Lauf und den Tieren ihre Freiheit zu lassen.

Zu dieser natürlichen Freiheit gehört nun mal, dass erstgebärende Eisbärinnen – wie in Nürnberg – ihre Jungen verstoßen oder totbeißen. Von Menschen großgezogene Kleintiere nehmen ihren eigenen Nachwuchs später viel schlechter an als Naturaufzuchten. Die Muttertiere müssen lernen, Junge selbst aufzuziehen. »Wenn dafür die ersten Jungen sterben, ist das eben notwendig«, kommentiert Nürnbergs Zoochef.

Die Realität ist keine sentimentale Bambi-Romantik, wo süße Rehkitze von herzensguten Pflegern mit dem Fläschchen aufgezogen und anschließend tränenreich in die Wildnis verabschiedet werden.

So niedlich das alles war mit unserem Knut: Im Abstand lohnt eine nüchterne Bilanz, in der die Nürnberger Entscheidung umso mutiger aufscheint. Knut hat ja nicht nur unserem Gefühlshaushalt gutgetan, sondern vor allem auch dem Berliner Zoo-Etat: vier Millionen Euro zusätzlich, dazu weitere 3,5 Millionen für einen geplanten Hollywood-Film.

Knut ist Klimabotschafter und Kuscheltier, Minister-Patenkind und TV-Star, Kassenschlager und Publikumsmagnet. Nur ob er glücklich geworden ist, weiß keiner. Zumindest kein Mensch.

Über den Verlust der Verkäufer und andere Irrwege durch die Servicewüste

Es klingt wie ein Märchen aus alten Zeiten, nach dem Motto: »Es war einmal«. Damals gab es einen leibhaftigen Verkäufer in der Gemüseabteilung des Supermarktes, einen lebendigen Menschen auf zwei Beinen, der die Ware abgewogen und verpackt hat. Heute heißt das Zauberwort »Self-Checkout-Kasse«, wobei schon allein der Begriff eine Katastrophe ist. Diese Kasse rationalisiert nicht nur den netten Gemüsemann, sondern auch gleich noch die Kassiererin weg und macht den Kunden zum unbezahlten Zwangsmitarbeiter. Das Obst, vom Verbraucher verpackt, wird automatisch abgewogen und berechnet, die gesamte Ware wie von Geisterhand eingescannt und die Summe per EC-Karte vom Konto abgebucht.

Was für die einen Normalität und willkommene Zeitersparnis bedeutet, ist für andere ein lästiges Ärgernis. »Selbst ist der Kunde« heißt die Devise, Dienstleistung ist zum Fremdwort geworden. So finden wir Verbraucher uns inzwischen in diversen Jobs wieder, für die wir weder Ausbildung noch Erfahrung haben. Wir sind Postbote und Schaffner, Kellner und Kassiererin, Banker und Verkäuferin.

Wer weiß noch, dass Tankwart mal ein richtiger Lehrberuf war? Wer heute Bus- oder Bahnfahrkarten braucht, plagt sich mit dem Automaten ab. Selbst Flughäfen funktionieren vollautomatisch. Nicht nur die Bordkarten sind elektronisch, mittlerweile muss man auch sein Gepäck selbst einchecken. Wobei es mir unlängst passierte, dass der Koffer viermal auf dem Band zurückkam, weil das Lesegerät den Strichcode für den Zielflughafen nicht entziffern konnte.

Das Einzige, was Busse und U-Bahnen noch an menschlichem Personal im Fahrgastraum zu bieten haben, sind die Kontrolleure. Und die begegnen nicht selten älteren Menschen, die ohne Ticket unterwegs sind, weil sie schlichtweg mit dem Automaten nicht zurechtgekommen sind. Der Kunde hat dabei keineswegs den Eindruck, für all die zur Eigenleistung verkommenen Dienstleistungen angemessen entlohnt zu werden.

Stattdessen werden Arbeitsplätze vernichtet, und der Kunde, der früher einmal König genannt wurde, wird unfreiwillig zur Mitarbeit gezwungen.

Es gibt Bereiche, in denen persönliche Ansprechpartner wichtig, wo Service wertvoll und Berater hilfreich sind. Ein Mensch hilft bei Problemen und hat noch nie, wie manch ein spinnerter Automat, eine Bordkarte verschluckt. Doch es gibt beispielsweise auch eine kleine hoffnungsvolle Gegenbewegung. So hat Shell den längst ausgemusterten Tankwart wiederentdeckt, der einem auch noch die Scheiben wischt. Dieser Service kostet nur Trinkgeld, hat Arbeitsplätze geschaffen und Kunden angezogen. Denn die hätten sich bei einer Umfrage sinnvollen Service gewünscht.

Über die kleine Welt und Deutsche in aller Welt

Wie klein doch die Welt ist. Mitten im amerikanischen Pazifikstädtchen Santa Barbara bestelle ich in einer italienischen Trattoria einen Wein aus dem kalifornischen Nappa-Valley, und mich bedient eine Berlinerin aus meinem Nachbarkiez Charlottenburg. Sie heißt Katarina, nennt sich jetzt Cathy und lebt mit Mann und zwei Kindern seit drei Jahren in dem US-Sonnenstaat, über den Henry Miller einst schrieb: »Dies ist das Angesicht der Erde, wie der Schöpfer es haben wollte.« Als Tourist kann ich dem nur beipflichten. Aber so ganz von Deutschland weg, raus aus der Heimat, abgeschnitten von den Wurzeln? Für mich wäre das nichts.

Cathy erzählt, dass sie und ihr Mann in Berlin keine Zukunft mehr gesehen haben. In den USA hätten sie bessere Arbeitsbedingungen und Karrierechancen, niedrigere Steuersätze, schöneres Wetter und eine freundlichere Mentalität gesucht und auch gefunden. Die frustrierte Stimmung und permanente Motzerei in Deutschland sei ihnen auf die Nerven gegangen.

Obwohl im »Golden State« längst nicht alles Gold ist. Als im Juli wegen der extremen Hitzewelle alle Klimaanlagen voll aufgedreht waren, da sei doch tatsächlich das Stromnetz zusammengebrochen. Nichts ging mehr im Land der unbegrenzten Möglichkeiten. Ein paar durchgeknallte Sicherungen, und eine Supermacht musste ihren Glauben an die Allmacht der Technik aufgeben. »Wir sind eine Supermacht mit einem Stromnetz der Dritten Welt«, erklärte der frühere US-Energieminister Richardson.

Dennoch bereut die Berliner Familie den Abschied von Deutschland nicht. »Nie wieder zurück!« heißt ihre Devise. Kalifornien, das Land mit seinen Wäldern und Wüsten direkt in Ozeannähe, biete gute Schulen mit Ganztagsbetreuung für die beiden Kinder, für sie als Bibliothekarin und ihren Mann aus dem Computerfach endlich einen Job. Dass sie abends nach der Uni-Bücherei noch als Kellnerin jobben muss, findet Cathy ganz normal: »Das ist hier so üblich, wo selbst Lehrer noch einen Zweit- oder Drittjob haben.«

Deutschland ist längst ein Auswandererland geworden. 2005 haben rund 145 000 Menschen unser Land verlassen, so viel wie seit 50 Jahren nicht, darunter auch hochbegabte Wissenschaftler. Die Auswanderer kellnern in Österreich, tischlern in Polen, planen neue Häuser in Asien oder operieren in England oder Skandinavien. Die meisten zieht es in die Schweiz und in die USA. Drei von vier Nobelpreisträgern deutscher Herkunft arbeiten in Amerika. »Der Exodus bedroht die Zukunftsfähigkeit unseres Landes«, fürchtet Georg Braun, Präsident des Deutschen Industrie- und Handelskammertages.

Doch Cathy kennt auch die Schattenseiten im Sonnenstaat: schlechte Kranken- und Rentenversicherung, ein marodes Eisenbahn- und Straßennetz, keine schönen Schlösser und Burgen, nichts Altes und Historisches. Schwarzbrot und Kohlrouladen vermisse sie auch, meint sie, als sie mir meine Pasta serviert.

Über die Katastrophe von Madrid und die Illusion vom Leben ohne Risiko

Der Feuerhölle auf dem Flughafen von Madrid entkamen im August 2008 nur 19 der 172 Insassen, und während nach den Ursachen der Katastrophe geforscht wird, ist nur eines sicher, in aller Brutalität und Banalität: Es gibt nichts auf der Welt ohne Risiko. Noch nicht einmal die Liebe, wie Altkanzler Helmut Schmidt unlängst mit Blick auf die Sicherheit der Atomenergie meinte.

Natürlich ist das Flugzeug noch immer das schnellste, bequemste, billigste und vor allem sicherste Verkehrsmittel. Wie scharf die Kontrollen sind, erleben wir beim Einchecken am eigenen Leibe. Auch die technische Wartung ist meistens so professionell, dass ich erst vor ein paar Wochen die Maschine wechseln musste, da der Pilot den Start verweigerte, weil ein Rad zu wenig Luft hatte.

Wer Sicherheit auf höchstem Niveau will, sollte darüber froh sein und nicht über die Unannehmlichkeiten jammern. »Ich fahre erst los, wenn Sie sich angeschnallt haben«, ermahnte mich ein Taxifahrer. Das steht in seiner Vorschrift, das ist aber auch ein Stück Verantwortung und Fürsorge dem Kunden gegenüber.

Sicherheit hat Vorfahrt, ist aber keine Garantie. Wenn alle Vorkehrungen getroffen sind, glaubt man sich auf der sicheren Seite. Und da die Technik ständig Fortschritte macht, leben wir nur allzu oft in der Illusion einer Null-Risiko-Gesellschaft. Doch »automatisch«

funktioniert noch nicht einmal die Mechanik, es gibt keinen Fortschritt ohne Risiko. In allem steckt die Gefahr menschlicher Fehlbarkeit und technischen Versagens. Trotz höchster Sicherheitsstandards bleibt zumindest immer noch das, was wir Restrisiko nennen. Unsere Vollkasko-Mentalität will das nicht wahrhaben, deshalb sind wir geschockt, wenn sich ereignet, was in Madrid geschah.

In Deutschland passiert alle vier Sekunden ein Unfall, die meisten im Haushalt, beim Fensterputzen auf der Leiter, und viele enden tödlich. Das Risiko wohnt also bereits in unseren eigenen vier Wänden, nicht erst in PS-starker Technik.

Eine alte römische Juristenweisheit lautet: »Vor Gericht und auf hoher See sind wir in Gottes Hand.« Dieses Gottvertrauen lässt sich aber weder auf Menschen noch auf Technik übertragen, weder auf den erfahrenen (Flug-)Kapitän noch auf die stabile Haushaltsleiter. Was aber nicht heißt, dass wir nun allem misstrauen sollen. Wir dürfen uns nur nicht in falscher Sicherheit wiegen. Eine Spaß- und Freizeitgesellschaft, die nach dem Motto »No risk, no fun« lebt, sollte stets auch die Erkenntnis von Wilhelm Busch im Hinterkopf behalten, »dass das Leben immer mit dem Tod bezahlt wird«.

Über den Täter von Dresden und die Scharfrichter vom Stammtisch

Das ist sie nun, die Stunde der Stammtischstrategen, die Paradedisziplin der Populisten. Jetzt wissen sie wieder ganz genau, wie läppisch und lasch doch unsere Strafen sind. Die Forderung nach Wegsperren und Zwangskastration ist noch das Harmloseste, was in die Mikrofone geätzt wird.

Zielscheibe des unkontrollierten Massenhasses ist der 35-jährige Mario M. aus Dresden. Der vorbestrafte Triebtäter hat eine 13-jährige Schülerin fünf Wochen lang in seiner Wohnung gefangen gehalten und sexuell missbraucht.

Nachdem das Mädchen befreit werden konnte, verhielt sich ihr Vater so, dass alle Stammtischscharfrichter eigentlich ins Grübeln hätten kommen müssen. Er sagte sachlich: »Der Täter soll jetzt für immer hinter Schloss und Riegel bleiben.« Der Vater wahrt das Maß, obwohl wir ihm nicht hätten verübeln können, hätte er drastischere Worte gefunden.

Natürlich sind die Ermittlungsfehler ein Skandal – und die Wiederholungstat des Verbrechers ist ein Schlag gegen die Resozialisierung. Doch allein in Stephanies Wohngebiet, dem Dresdner Bezirk Striesen, gibt es mehr als 50 einschlägig bekannte Männer, im ganzen Stadtgebiet über 1000. Soll man diese Menschen wirklich alle wegsperren? Für immer? Soll man ihnen Schilder um den Hals hängen oder an der Frauenkirche einen Pranger aufstellen?

Stephanies Schänder war bereits wegen einer Sexualstraftat in Haft, aber wegen guter Führung und nach Begutachtung vorzeitig entlassen worden. Seitdem sei er, wie die Behörden bestätigen, ein »musterhafter Bewährungsfall und völlig unauffällig« gewesen. Er hätte also einer von Tausenden sein können, die nachweislich nie wieder rückfällig wurden.

Wer heute schon beim ersten Delikt nach Wegsperren schreit, stellt unser Rechtssystem auf den Kopf. Unser freiheitlicher Staat hat als Grundrecht die Chance zur Resozialisierung. Das unterscheidet uns von Diktaturen und fundamentalistischen Regimen. Unser Strafvollzug ist kein reiner Sühnevollzug. Ziel ist es, Kriminelle wieder in unsere Gesellschaft einzugliedern, aus deren Normen sie durch ihr Verbrechen ausgebrochen sind. Das Strafmaß dient der Abschreckung und Vergeltung, der Vollzug jedoch der Resozialisierung.

Wer jetzt den starken, den rücksichtslosen Staat fordert, gesteht eigene Schwäche und Hilflosigkeit ein. Er gibt ein hohes Rechtsgut auf und nimmt unserer Gesellschaft ein Stück Menschenwürde. Er sollte nicht vergessen, dass 80 Prozent aller Kinderschänder aus dem engsten familiären Umfeld kommen. Und er sollte bedenken, dass die anderen 20 Prozent, die Resozialisierung erfahren sollen, vielleicht niemals richtig in unsere Gesellschaft eingegliedert waren.

Sich darum zu kümmern hieße, Verbrecherkarrieren verhindern zu helfen. Doch das ist eben viel schwieriger als der leichtfertige Ruf nach der harten Hand des Gesetzes.

Über den Mörder eines Kindes und die Reue eines Heuchlers

Eine noble Geste, wenn jetzt eine neue wohltätige Stiftung für Kinder und Jugendliche gegründet werden soll, die Opfer von Verbrechen geworden sind. Denn denen gebührt Anerkennung und Unterstützung, die sich gegen Kindesmissbrauch und für geschädigte und geschändete Jugendliche einsetzen. »Magnus-Gäfgen-Stiftung« soll diese Neugründung kurz und knapp heißen, wie so viele Vereine trägt sie den Namen des Initiators.

Magnus Gäfgen? Genau der! Auf dessen dreckiges Geld können die Kinder getrost verzichten, und die Genehmigungsbehörde sollte den Stiftungsantrag dahin tun, wo er hingehört: in den Reißwolf.

Erinnern wir uns an Gäfgen: Keine vier Jahre ist es her, dass sein Verbrechen das ganze Land schockte. Der Student entführte und ermordete den 11-jährigen Bankierssohn Jakob von Metzler und bekam dafür seine gerechte Strafe: lebenslänglich.

Natürlich hat auch der Mörder Gäfgen ein Recht auf Reue und darauf, sich eine neue Chance zu erarbeiten. Doch was sich der Kindermörder jetzt leistet, ist blanker Hohn. Allein deshalb, weil er auf die fromme Tour daherkommt. Schon in seiner Einzelzelle wollte er mit einem Buch unter dem Titel »Allein mit Gott« ein Geschäft machen. 230 Seiten Selbstmitleid über sein »Versagen«, wie er das brutale Quälen und Erwürgen des kleinen Jakob verharmlosend nannte.

Allein mit Gott sollte Gäfgen jedoch wissen, dass es Reue zum Nulltarif nicht gibt, sondern vor der Vergebung die Buße steht. »Darum spreche ich mich schuldig und tue Buße in Sack und Asche«, heißt es im biblischen Buch Hiob.

In seinem Fall: die 20 Jahre, die Gäfgen abzusitzen hat, bevor er wieder öffentlich in Erscheinung tritt. Spätestens dann sollte er erkannt haben, dass es pervers ist, eine solche Stiftung nach dem Täter und nicht nach dem Opfer zu benennen.

»Da bringt sich ein Psychopath mit angeblich humanitären Gedanken als Wohltäter ins Gespräch«, verurteilt der Vorsitzende der Kinderhilfestiftung den Gäfgen-Plan und sieht den Ruf seiner seriösen Institution wegen Verwechslungsgefahr geschädigt.

Seriöser wäre der verurteilte Verbrecher, hätte er sein Vorhaben zumindest mit den verzweifelten Eltern seines Opfers besprochen. Und Reue hätte Gäfgen beweisen können, als der Frankfurter Vize-Polizeichef vor Gericht stand, weil er ihm »Schmerzen androhen« ließ, sollte er den Aufenthaltsort des Jungen nicht preisgeben. Kein Wort der Entlastung von dem Mann, der diese ausweglose Situation mutwillig herbeigeführt hatte.

Peinlich ist es, dass ein Ex-Parteivorsitzender und ein Rechtsanwalt für diese dubiose Stiftungsgroßtat Pate stehen. Was verspricht sich diese Unterstützer-Szene von diesem unwürdigen Schmierenstück, das moralische Normen bricht? Will man den Eltern endgültig das Herz brechen? Und das im Namen Gottes und der Reue.

Über Kevin und den Tod nach Vorschrift

Was ist bloß los in unserem Land, das zu den reichsten der Welt gehört, das die Menschenwürde ganz oben in der Verfassung verankert, seine Marktwirtschaft sozial nennt und den Ruf hat, für alles und nichts genaueste Vorschriften zu haben? Da gibt es Ordnungsämter, die minutengenau die Sperrstunde eines Biergartens überwachen, Baubehörden, die jede Garage auf den Millimeter vermessen, bevor sie genehmigt wird, Sozialämter, die exakt darauf achten, dass bei Hartz IV um keinen Cent betrogen wird. Und Jugendämter.

Eines davon haben wir in Bremen kennengelernt, und wir blicken angewidert in die Amtsstuben an der Weser, wo deutsche Beamte nichts anderes getan haben, als ihrem Ruf gerecht zu werden: Sie handelten nach ihren Vorschriften, sie machten Dienst nach Vorschrift, sie trafen Entscheidungen nach Vorschrift, und sie wurden damit zu Tätern.

So und nicht anders kam es zum tragischen Tod des kleinen Kevin. Der kleine Kevin ist krepiert, das ist die Wahrheit, die uns niemals zur Ruhe kommen lassen darf. Was hat dieser Junge gelitten, während die Behörden den »Fall« zur Seite schoben, als erledigt betrachteten oder Feierabend machten ...

Dennis, Jessica, Michelle, Kevin – Kinder, die vernachlässigt und misshandelt wurden, die verhungerten oder umgebracht wurden. Es darf nicht wieder passieren, dass nichts passiert ist, wenn die Krokodilstränen der Gutmenschen getrocknet und die Talkshow-Erregung der Empörten verebbt sind. Eine Gesellschaft, die es zulässt, dass 100 000 Kinder verwahrlosen, wie der Deutsche Kinderschutzbund schätzt, hat kein Recht, sich zivilisiert zu nennen. Das Martyrium der Hilflosen, das meist erst bekannt wird, wenn es zu spät ist, ist ein Zeichen der Unmenschlichkeit einer Wegsehgesellschaft, die nur auf das eigene Wohl bedacht ist und mit Vorschriften regelt, was Herz und Gewissen bewegen sollte.

Natürlich sind Sozialarbeiter überlastet und überfordert, natürlich können sie nicht immer reparieren, was unsere Gesamtgesellschaft versäumt. Doch gerade wer diesen Beruf wählt, sollte wissen, dass Beruf von Berufung kommt. Ein einziger außerplanmäßiger Besuch bei Kevin, ein Herzschlag Mitgefühl über das Vorschriften-Soll hinaus, und der Kleine könnte vielleicht noch leben.

Kein Feuerwehrmann hört zu löschen auf, weil seine tarifliche Stundenzahl erfüllt ist, keine Krankenschwester lässt den Tropf leer, weil Dienstschluss ist. Kevin krepierte unter staatlicher Aufsicht: Das Kleinkind hatte eine dicke Akte beim Jugendamt, er war sogar Chefsache. Der Rücktritt einer Senatorin wiegt nicht auf, was sich deren Mitwisser aufs Gewissen geladen haben.

Was muss noch geschehen, damit wir aufwachen und den Schutz der Schwächsten zur höchsten Pflicht machen? Richtig ist ein Frühwarnsystem, das Eltern, Ärzte und Ämter vernetzt. Wichtig sind Sozialarbeiter, die verwahrloste Kinder nicht als verwaltete Fälle behandeln. Und es muss Schluss sein mit dem Verschiebebahnhof der Verantwortung und unserer Unkultur des Wegsehens.

Ein Drama und das alltägliche Grauen als Randnotiz

Mit jeder Einzelheit, die aus dem Kellerverlies von Amstetten ans Tageslicht dringt, tun sich weitere Abgründe auf. Kein Thema bewegt die Menschen mehr als das Inzest-Verbrechen, das ein bürgerliches Wohnhaus in der österreichischen Kleinstadt-Idylle zur Hölle machte.

Wir versuchen, das Unfassbare zu begreifen, es in Worte zu fassen. Aber das Drama von Amstetten ist in seiner Grausamkeit einzigartig in der Kriminalgeschichte, kein normales Erklärungsmuster passt.

Wir steigern unsere Empörung in immer neue Superlative, doch selbst drastische Worte wirken schal und matt, wenn wir den Täter als Monster und Teufel und das Martyrium der geschundenen Kinder als Hölle bezeichnen. 24 Jahre lebendig begraben im dunklen Kellerverlies, Vergewaltigung, Inzest – jedes einzelne Verbrechen übersteigt bereits unsere Vorstellungskraft.

Völlig falsch wäre es jetzt, sich dem medialen Overkill der immer neuen Details zu widersetzen, indem man sich abschottet und davon nichts mehr hören will. So einfach kommen wir nicht davon! Dieses Verbrechen passierte mitten unter uns, nicht in einem fernen Erdteil. Der Täter war kein Asozialer, er war ein geachteter Mitbürger, ein netter Nachbar mit ehrbarem Beruf.

Monster erkennt man nicht, nicht an ihrer Stimme, nicht an ihren Augen, sie leben unter uns, und ihr Doppelleben fliegt vielleicht niemals auf. So unfassbar einzigartig das Ausmaß dieses Alptraums auch ist, die Realität ist allgegenwärtig: Jeden Tag, jede Stunde vergewaltigen Väter ihre Kinder, Onkel ihre Nichten, und oft kommen noch nicht einmal die Mütter den Kindern zur Hilfe. Für die Justiz vergeht kaum ein Tag ohne Anklagen wegen sexuellen Missbrauchs, von der riesigen Dunkelziffer ganz zu schweigen.

Dieses tagtägliche perverse Verbrechen ist oft nur eine kleine Randnotiz wert. Deshalb ist jedes schockierende Detail jetzt wichtig, damit wir in der Anonymität unserer gleichgültigen Gesellschaft endlich begreifen, dass Menschen zu Unglaublichem fähig sind.

Den Opfern von Amstetten ist Ruhe vor der medialen Maschinerie zu gönnen. Wenn wir allerdings mit diesen Nachrichten in Ruhe gelassen werden wollen, dann haben die Täter, die unter uns leben, gesiegt.

Über den wahren Judas und die Sensation zu Karfreitag

Hat die Kirche uns all die Jahrhunderte belogen und betrogen? Muss die Bibel umgeschrieben und ausgerechnet die Geschichte von Judas, von Karfreitag und Ostern umgedeutet werden? Darüber wird spekuliert, nachdem die National Geographic Society nun erstmals einen Papyrus-Codex, der in den siebziger Jahren in Ägypten gefunden wurde, nach dessen Restaurierung in einer Übersetzung veröffentlicht hat. Was mich dabei am meisten freut: Es wird darüber diskutiert, was vor 2000 Jahren wirklich passierte und warum wir in dieser Woche einen Feiertag namens Karfreitag haben.

Judas war kein Verräter, sondern ein Held, der treueste Jünger von Jesus Christus – so die Botschaft jenes Dokumentes, das sich »Judas-Evangelium« nennt. Dessen Geschichte liest sich wie ein Archäologenthriller: um 150 nach Christus in griechischer Sprache geschrieben, im vierten Jahrhundert ins Koptische übersetzt und seitdem lange verschollen gewesen. Jetzt ist der Papyrustext bei Antiquaren in Basel wiedergefunden worden: 13 Seiten dünn, 29 x 15,5 Zentimeter klein, in Leder gebunden, über 1600 Jahre alt. Die Blätter der Antike beschreiben ein Gespräch zwischen Jesus und Judas, der mit seinem Verrat, der Jesus schließlich den Kreuzestod brachte, kein Verbrechen begangen, sondern auf eigenen Wunsch hin an die damalige Obrigkeit ausgeliefert haben soll.

Muß Judas jetzt rehabilitiert werden? Schließlich gilt er bis heute als Schurke schlechthin. »Wer war ihr Judas?«, titelte eine Zeitung, nachdem ein unbekannter Abgeordneter aus den eigenen Reihen 2005 der Kieler Ministerpräsidentin Heide Simonis (SPD) viermal seine Stimme versagt und sie um ihr Amt gebracht hatte. Kein Mensch nennt seinen Jungen Judas. Das Amtsgericht Krefeld hat das 1989 sogar »wegen des Kindeswohls« ausdrücklich verboten. »Judaslohn« und »Judaskuss« sind sprichwörtlich geworden, hatte dieser Jünger doch für den Lohn von 30 Silbermünzen durch seinen verräterischen Kuss Jesus an die Römer ausgeliefert. So lesen wir das jedenfalls in den vier Evangelien.

Die nunmehr aufgetauchte und für echt befundene Schrift zeigt, dass diese Schlüsselszene bereits bei den ersten Christen heiß umstritten war. Neue Sichtweisen des Glaubens sind also keine Marotte moderner Zweifler, diskutiert wurde von Anfang an. Das »Judas-Evangelium« ist die Schrift einer unter Experten längst bekannten Sekte in der Multikulti-Vielfalt des Römischen Reichs, die als »Gnosis« (griech.: Erkenntnis) in die Kirchengeschichte eingegangen ist. Sie unterteilte die Welt in Gute und Böse und wendete alle negativen Aspekte der Bibel ins Positive. Folglich durfte Judas kein Verräter, sondern musste ein Held sein.

Selten hat man sich wohl so intensiv mit der Historie von Karfreitag beschäftigt wie 2006. Nicht nur, um beim nächsten Pilawa-Quiz mithalten zu können, lohnt sich ein Blick in die Bibel, deren Figuren bis heute interessant und aktuell sind.

Über die Oster-Botschaft und das Versäumnis der Kirchen

Vor etlichen Jahren ging ein bewegendes Bild um die Welt, das Foto mit »dem Zettel«: Papst Johannes Paul II., damals schon gebrechlich und gebeugt, in der Grabeskirche. Der greise Mann kniete genau dort nieder, wo der Überlieferung nach das Grab von Jesus Christus gewesen ist.

Neben dem Kopf des Papstes war ein unscheinbarer Zettel zu sehen, geheftet an das Gitter vor der leeren Grabeshöhle. Darauf hatte jemand die englischen Worte geschrieben: »He is not here!«

Diese vier Worte – »Er ist nicht hier!« – bilden die zentrale Aussage des christlichen Glaubens, und deshalb feiern wir an diesem Sonntag Ostern. Das ist die Nachricht, die damals erst Jerusalem und Israel und dann den ganzen Erdkreis (urbi et orbi) in Erstaunen versetzte: Jesus Christus ist auferstanden, er lebt. Zunächst das Drama am Karfreitag: Christus am Kreuz. Doch dann der Triumph: Das Grab ist leer, der Tod, der größte Feind des Lebens, ist entmachtet.

Immer weniger Menschen im Land der Dichter und Denker wissen laut Umfragen, was an Ostern vor 2000 Jahren passierte und warum wir dieses Fest mit der längsten Feiertagsbrücke überhaupt haben. Man fragt sich, was die Kirchen versäumt haben, dass das zentralste aller christlichen Feste so in Vergessenheit geraten ist.

Die Ostertage kommen locker und leicht daher, bringen den Frühling mit und Freunde zusammen. Kein erzwungenes Familienfest mit Verwandten unterm Tannenbaum, man bleibt ungezwungen in der Familie, unter Freunden.

Sind Kinder dabei, ist man schnell gefragt, den Sinn des Festes jenseits von Ostereiern und Osterhasen zu erklären.

Während Singles sich darüber kaum Gedanken machen, so das Ergebnis einer Allensbach-Umfrage, kümmert sich die Hälfte aller jungen Eltern verstärkt um die religiöse Bedeutung, um ihren Kindern antworten zu können.

Der Glaube an das Leben muss unser Leben erfüllen, muss in die Hände gehen und zum Handeln werden. Mich motiviert die eher resignativ gemeinte Aussage eines Kollegen in der »Süddeutschen Zeitung«: »Wenn der Satz ›Jesus lebt!‹ wirklich geglaubt würde, müssten den Christen eigentlich Flügel wachsen. Stattdessen stehen sie mit allen anderen im Stau auf der Autobahn…«

Über bunte Ostereier und die Auferstehung Christi

Suchen Sie auch Ostereier? Wenn nicht, dann gehören Sie zu einer Minderheit. Selbst 28 Prozent der kinderlosen Erwachsenen lassen sich das Suchen nach bunten Eiern nicht nehmen, allerdings sind mit gut 70 Prozent die Jüngsten am häufigsten dem Osterhasen auf der Spur, wie Umfragen belegen.

Die Osterbräuche stehen bei uns nach wie vor hoch im Kurs, obwohl jeder vierte Deutsche gar keine Ahnung hat, was an diesen zwei Festtagen eigentlich gefeiert wird. Schade, denn all die alten Bräuche haben etwas mit der historischen Wurzel dieses Festes zu tun: Osterhasen, Ostereier, Osterlamm, Osterfeuer, Osterstrauß. Man fragt sich, was die Kirchen versäumt haben, dass im Land der Dichter und Denker, der Reformation und Aufklärung das zentrale christliche Fest so in Vergessenheit geraten ist. Schließlich zählen wir doch nach dem, um den sich alles dreht, unsere Jahre. Und das ist nun mal nicht der Osterhase.

Zunächst das Drama am Karfreitag: Jesus Christus am Kreuz, unschuldig mit der schrecklichsten Hinrichtungsart bestraft, die es damals gab. Auf den ersten Blick endet ein einzigartiges Leben in einer einzigen Tragödie. Doch auf den zweiten Blick: der Triumph am dritten Tag. Das Grab ist leer, der Tod entmachtet. »Christus ist wahrhaftig auferstanden!« – so heißt es von alters her im Bekenntnis der Christen.

In einer fast ausweglosen Krise gab mir eine lebenserfahrene Frau, die Kriege und Katastrophen durchgemacht hat, einmal den unvergesslichen Rat: »Du musst die Dinge immer von ihrem Ende her sehen.« Genau das heißt Ostern. Am Ende siegt das Leben über den Tod, die Wahrheit über die Lüge, die Gerechtigkeit über das Unrecht, die Liebe über den Haß. Sonst wäre alles sinnlos.

Wer das weiß, kann die Bräuche umso fröhlicher und sinnvoller pflegen. Der Name Ostern kommt wahrscheinlich von Ostera, der heidnischen Göttin der Morgenröte und des Frühlings. Christen denken dabei an Osten, an den kommenden Christus im Sonnenaufgang. Der Hase steht für das Leben, denn er schläft »mit offenen Augen«, weil er keine Augenlider hat. Die Eier sind Symbol für Fruchtbarkeit und neues Leben, das Lamm ist Sinnbild für den Opfertod von Jesus Christus. Ostern heißt: Der Tod ist besiegt, Krankheit und Krise haben nicht das letzte Wort, es gibt keine hoffnungslosen Fälle. Hoffnung gibt Lebensmut selbst in Todesangst.

Der Kabarettist Hanns Dieter Hüsch sagte kurz vor seinem Krebstod: »Wenn Jesus nicht auferstanden wäre, dann wäre sein Grab auch mein Grab. Es ist töricht, dass wir das nicht glauben möchten am Ende der Neuzeit.« Das klingt wie ein trotziges Bekenntnis mitten im Schmerz. In solch verzweifelter Lage zählt nur das Echte – keine Vertröstung, sondern Trost. So aktuell ist Ostern, 2000 Jahre nach Christus.

Ostern: Ein Sieg der Liebe, ein Triumph der Wahrheit

Wir alle merken immer wieder, wie schnell wir an unsere Grenzen stoßen und mit unserem Latein am Ende sind, in der großen Welt- und Wirtschaftspolitik genauso wie bei unseren Alltagsproblemen. Wem kann man eigentlich noch vertrauen, wessen Wort gilt, worauf ist Verlass? Viele machen sich Sorgen, weil ihnen die Probleme über den Kopf wachsen: Ist mein Job, ist meine Rente sicher? Wie komme ich über die Runden, was bleibt mir im Alter, was wird aus den Kindern, was bringt die Zukunft...?

»Unsere Hoffnung muss immer größer sein als unsere Sorge«, gab mir Johannes Rau einmal mit auf den Weg. Nur ein Kalenderspruch? Nein, das ist Ostern pur! Denn seitdem das Grab von Jesus Christus leer steht, gibt es keine begrabenen Hoffnungen. Das ist die Gleichung Gottes, und deshalb feiern wir Ostern.

Papst Benedikt XVI. bringt es auf den Punkt: »Ostern ist das Fest der Feste. Ostern heißt Hoffnung.« Wie nötig wir diese Hoffnungsbotschaft brauchen, zeigt die aktuelle Nachrichtenlage deutlich. Ostern sagt uns, dass das eherne Gesetz, dass alles vergänglich, vieles vergeblich und wenig verlässlich ist, nicht das letzte ist. »Man muss nur bereit sein, die Dinge von ihrem Ende her zu sehen«, riet mir eine Frau, die Kriege und Katastrophen durchgemacht hat.

Ostern ist eine solche Hoffnungsgeschichte. Erst ist alles aus und vorbei am Karfreitag, Jesus am Kreuz gestorben und mit ihm seine Versprechungen begraben. Ein einzigartiges Leben endet in einer einzigen Tragödie. So sieht man's auf den ersten Blick. Doch mit dem zweiten sieht man besser: Jesus Christus ist auferstanden, er ist nicht im Grab geblieben, so heißt es von alters her im Bekenntnis der Christen. Wer Jesus ans Kreuz brachte, muss jetzt die Waffen strecken, die Mächtigen sind entmachtet, die Hochmütigen am Boden. Dem tragischen Karfreitag folgt der Triumph des Lebens am Ostermorgen, den seitdem Künstler aller Epochen in hellsten Farben malten. Kein Ereignis der Geschichte hat Verfechter wie Verächter des Glaubens so aufgewühlt wie dieses.

Ohne diesen Triumph des Lebens wäre alles sinnlos, weil der Tod, der in dieser Welt das Sagen hat, das letzte Wort behielte. Sogar der Soziologe Jürgen Habermas, alles andere als ein Mann der Kirche, spricht von »reichen Ressourcen des Glaubens, ohne die unsere Gesellschaft arm dran wäre«. Dieser Rohstoff heißt Hoffnung.

Wir Menschen brauchen Hoffnung wie die Luft zum Atmen. Nimmt man uns den Sauerstoff, ersticken wir. Nimmt man uns die Hoffnung, bleibt nur noch Verzweiflung. Hoffnung bewahrt uns in schweren Tagen vor Verzweiflung, in guten Tagen vor Leichtsinn. Hoffnung setzt in Bewegung, gibt Kraft und langen Atem, um niemals aufzugeben.

Das Ostergeheimnis ist kein Gotteswahn, es ist die lebensnotwendige Gewissheit, dass zuletzt die Liebe siegt und nicht der Hass, die Wahrheit und nicht der Wortbruch, das Leben und nicht der Tod. Dass ich keine Angst haben muss, das Leben zu verpassen, und sich aller Einsatz lohnt, auch wenn der Erfolg nicht sofort sichtbar wird.

»Etwas Festes muss der Mensch haben« war das Motto von Matthias Claudius. Das Osterfest bietet feste Zuversicht, auch wenn viele daran zweifeln. In seinem Abendlied »Der Mond ist aufgegangen« heißt es über den Glauben: »... so sind wohl manche Sachen, die wir getrost belachen, weil unsre Augen sie nicht sehn.«

An Ostern müssen wir nicht sehen. Wir können spüren: die Hoffnung ...

Über die Kirche an Pfingsten und ihren vergessenen Geburtstag

Dreimal im Jahr werden wir mit einem extralangen Wochenende beschenkt: Weihnachten, Ostern und Pfingsten. Schön. Nicht so schön: Der Hintergrund dieser kirchlichen Feiertage wird selbst Christen immer fremder. Weihnachten mit dem Christkind in der Krippe und Ostern mit der Auferstehung des gekreuzigten Jesus scheinen halbwegs bekannt zu sein. Doch die Bedeutung von Pfingsten kennen die meisten nicht.

Obwohl gut 70 Prozent der Bundesbürger einer Kirche angehören, wissen 53 Prozent nicht, was heute gefeiert wird. Laut einer Umfrage bringen zwölf Prozent Pfingsten mit Mariä Himmelfahrt in Verbindung, vier Prozent glauben, Jesus sei Pfingsten gekreuzigt worden.

Nur knapp die Hälfte der Befragten konnte die richtige Antwort geben: Pfingsten ist das Fest des Heiligen Geistes.

Das Wort kommt aus dem Griechischen: »Pentekoste« bedeutet fünfzig. Gemeint sind die 50 Tage zwischen Ostern und diesem Wochenende. Gefeiert wird nichts weniger als der Geburtstag der Kirche.

Die Bibel erzählt die uralte Geschichte, die sich vor rund 2000 Jahren ereignete: Nach Tod und Auferstehung von Jesus Christus waren seine Anhänger verunsichert und zogen sich in Jerusalem in ihre Häuser zurück. Doch dann – eben nach diesen 50 Tagen – die Wende: Die Jünger bekamen wieder Mut und wagten sich in die Öffentlichkeit. Das taten sie nicht aus eigener Kraft, sondern erfüllt vom Heiligen Geist – vom Geist Gottes.

Die Bibel zeichnet dazu folgendes Bild: Vom Himmel kam ein Brausen, und über ihren Köpfen erschienen Feuerzungen. Die Menschen strömten zusammen und hörten die Jünger predigen. Das Wunder: Jeder Besucher der »Multikulti-Hauptstadt« Jerusalem verstand sie in seiner eigenen Sprache!

Die Bilanz des ersten Pfingsttags: Rund 3000 Menschen wurden Christen und ließen sich taufen – die erste Gemeinde war entstanden, der Beginn der weltweiten Mission.

Bis heute werden Menschen von diesem Glauben angesteckt. Sie sind entflammt und begeistert – von Pfingsten stammt die Redewendung »Feuer und Flamme sein« für »begeistert sein«.

Traurig ist, dass Kirche und Kultur bei uns offenbar nur die Asche bewahren, statt dieses Feuer zu entfachen. Die Umfrage spricht Bände.

Der Generaldirektor des Deutschen Historischen Museums, Hans Ottomeyer, beklagte in einem »Spiegel«-Interview: »Mich fragen Studenten im fünften Semester: Was ist denn das gewesen, 'ne Kirche? Was haben die Menschen da früher gemacht?«

Wenn Christen nicht zum »Jesus-Gedächtnisverein« verkümmern wollen, sollten sie sich vom Kirchengeburtstag begeistern und beflügeln lassen. Das Pfingstgeschenk ist wertvoll für alle Menschen, weil die Kraft des Heiligen Geistes auf die Beine hilft, wenn wir resignieren.

Über Konsum-Frust und Schenk-Lust

Deutschland rüstet sich für das Fest, so titelte die Nachrichtenagentur dpa. Es hat tatsächlich etwas Feldzugartiges, wenn am ersten Adventswochenende Heerscharen von Käufern auf der Jagd nach Geschenken die Geschäfte stürmen. Lautes Halali mit »Stille Nacht«.

Doch wollen die Kassen nicht mehr so süß klingeln wie in der Vergangenheit. Die Kauflaune ist gedämpft, die Leute halten ihr Geld zusammen, klagt der Handel. Laut Umfragen wollen Eltern deutlich weniger für Geschenke ausgeben als im Vorjahr. Trotz brummender Konjunktur und guter Daten vom Arbeitsmarkt parken viele ihr Weihnachtsgeld lieber auf dem Konto, schließlich werden Heizöl und Benzin immer teurer.

Muss Weihnachten also ausfallen, weil es weniger Geschenke gibt? Natürlich ist es gut für die Wirtschaft, wenn das Weihnachtsgeschäft das ersehnte Umsatzplus bringt. Das ist sogar gut für unsere Gesellschaft, denn das Christfest ist nun einmal das Fest des Schenkens. Dass Menschen einander eine Freude machen, darüber kann man sich nur freuen und muss nicht gleich das Klagelied gegen Kommerz und Konsum anstimmen.

Allerdings misst sich der Wert eines Geschenks nicht am Preis. Das richtige Geschenk ist immer das, was dem Beschenkten gerecht wird. Es zeigt, wie sehr man sich in den anderen hineinversetzt und aus sich selbst herausgeht. »Wenig, aber mit Liebe«, rät Homer, der Dichter der Antike, zum Thema Schenken.

Wer sich Gedanken über Geschenke macht, landet nicht bei lästigen Pflicht- und Umtauschgeschenken, auch nicht bei teuren Angeberpräsenten. Man kann sogar mit wenig Geld viel Freude machen, wenn man sich etwas Ausgefallenes einfallen lässt. Man kann Erlebnisse und Zeit füreinander und miteinander verschenken, ein schönes Essen, regelmäßige Spaziergänge, ein Verwöhnwochenende oder Entlastung bei der Hausarbeit. Da merkt der andere, dass ich ihn aufmerksam beobachtet und ihm seinen Wunsch sozusagen von den Augen abgelesen habe. Klamme Kassen und der Zwang zur hohen Kante sind ein willkommener Grund, sich einmal tiefer mit der Bedeutung von Advent und Weihnachten zu beschäftigen. Überlassen wir den Weihnachtsmann ruhig der Wirtschaft. Diese Kunstfigur des Kaufrauschs hat mit dem Fest der Familie wenig zu tun.

Das größte Geschenk kommt nämlich von Gott. Ohne die Christnacht von Bethlehem wären wir arm dran, egal, wie reich der Gabentisch ist.

Über die Armut der Kinder und die Wunschzettel des Überflusses

Beide Nachrichten kamen am selben Tag und wollen irgendwie nicht zusammenpassen, obwohl sie leider zusammengehören: Die Weihnachtspostämter in Himmelsthür oder Sankt Nikolaus, an die Kinder ihre Wunschzettel schicken können, haben ab sofort geöffnet. Allein im brandenburgischen Himmelpfort musste das Christkind von der Post letztes Jahr 279 000 Briefe bewältigen. Die Wunsch-Hits: MP3-Player, Handys und Puppen.

Wir könnten dem Fest der Familie und Geschenke, der Wünsche und Sehnsüchte unbeschwert entgegengehen, wäre da nicht noch die andere Meldung mit der wohl traurigsten Statistik: Jedes sechste Kind lebt bei uns in Armut.

Damit hat sich die materielle Kinderarmut in den letzten zehn Jahren verdoppelt, errechnete der »Kinderreport 2007«. Und das in einem Land, das zu den reichsten Nationen der Erde gehört, wo die Wirtschaft brummt und die Steuern sprudeln. Rund 2,5 Millionen Mädchen und Jungen stehen auf der Schattenseite des Wohlstands – was müssen sie wohl fühlen, wenn sie lesen, was sich andere Gleichaltrige wie selbstverständlich wünschen. Ein hüpfendes Hipp-Hopp-Zebra für 80 Euro oder den Luxus-Puppenwagen für 70 Euro. Während Edelspielzeug und Markenklamotten die Wunschzettel füllen, haben Hartz-IV-Kinder leere Teller, keine regelmäßige Ernährung oder vernünftige Kleidung. Haben kein Geld für Klassenfahrten, weil ihre Eltern zu wenig verdienen.

Ich will niemandem das Schenken vermiesen und die Weihnachtsfreude verderben. Das Weihnachtsfest muss nicht ausfallen, aber uns muss etwas einfallen, um unseren Kindern die soziale Schieflage in Deutschland begreifbar und spürbar zu machen.

Arme Kinder gibt es eben nicht nur in Afrika, sie wohnen nur zwei Busstationen entfernt und gehen mit unseren Kindern in dieselbe Schule. Es sind vielleicht die Kinder eines BamS-Zustellers, dem es wie Hohn vorkommt, wenn ein Zwölfjähriger eine Autorennbahn für 300 Euro unter dem Christbaum findet. Dafür muss der Mann lange rennen und ist vielleicht froh, vom Weihnachtstrinkgeld seinen Kindern eine Kleinigkeit kaufen zu können.

Von der Erziehungsmethode meiner Großeltern »Du musst den Teller leer essen, weil in Afrika die Kinder hungern« halte ich wenig. Viel ist aber gewonnen, wenn wir uns nicht ins Wegschauen verlieren, sondern mit unseren Kindern reden und ihnen die Augen für die Realitäten öffnen. Damit sie nicht nur an die eigenen Wünsche denken, sondern lernen zu teilen.

Weihnachten kann nur dann froh werden, wenn möglichst viele an der Freude teilhaben können.

Über das Elend von nebenan und unsere Un-Kultur des Wegsehens

Justin und Jonas, Jessica und Kevin, Lea-Sophie und Leonie: Namen, die sich in unsere Herzen bohren, Schicksale, die uns die Sprache verschlagen, Tragödien, die unsere Vorstellungskraft sprengen. Während wir noch den letzten Supermarkt mit den Klängen vom »holden Knaben im lockigen Haar« beschallen, müssen Kinder mitten im weihnachtlichen Wohlstandstrubel qualvoll sterben. Kleine Geschöpfe, alleingelassen von unserer Gleichgültigkeitsgesellschaft. Als sie am meisten Hilfe brauchten, war niemand für sie da.

Haben wir denn in unserer Glitzerwelt keine Augen mehr für das Elend von nebenan? Haben wir in Zeiten stimmungsvoller Weihnachtsmelodien kein Ohr für den stummen Hilfeschrei derer, die schutzlos ihren Peinigern ausgesetzt sind?

Viele Familien bauen jetzt im Wohnzimmer eine Krippe auf, manche Weihnachtsmärkte bieten als besondere Attraktion den Stall von Bethlehem in Originalgröße mit lebendigen Tieren. Überall steht das Kind im Mittelpunkt: das Christkind Jesus, in Windeln gewickelt und in einer Krippe liegend, wie die Bibel es berichtet. Doch bei uns stehen Justin und Jessica erst im Mittelpunkt, wenn ihre Leichen entdeckt und ihre Namen und Schicksale zu Schlagzeilen werden.

Ausgerechnet beim Fest der Familie, beim Feiern des schönsten Kindergeburtstages der Weltgeschichte, müssen wir erkennen, dass wir das Kind in unserer Gesellschaft längst an den Rand gedrängt haben. Kindern gehört die Zukunft, sagt man. Doch was nützt ihnen die Zukunft, wenn sie keine Gegenwart haben und ihr Leben zerstört und achtlos weggeworfen wird? Zehn kleine Leben in einer Woche!

In Sachen Kinderschutz haben wir unsere Unschuld verloren. Während unsere Gerichte sich mit Streitereien um Kinderlärm befassen müssen, führen unsere Politiker theoretische Debatten über Kinderrechte im Grundgesetz. Es darf nicht sein, dass wir uns beim Klimaschutz rigoroser, einsichtiger und flexibler verhalten als beim Kinderschutz!

Gegen die Unkultur des Wegsehens hilft nur eine Kultur des Hinschauens, und die hat mit Bespitzelung und Neugier nichts zu tun. Es ist unsere verdammte Pflicht, den Hilflosen Schutz zu geben und auf erste Anzeichen sensibel zu reagieren, denn familiäre Tragödien kündigen sich an. Keine der Katastrophen ist ohne Vorgeschichte. Es sind Tragödien der verpassten Chancen.

Der Wert einer Zivilisation misst sich am Umgang mit den Schwächsten. Der Staat ist keine »Super-Nanny« und das Jugendamt kein Allheilmittel. Die Nachbarn dieser Kinder sind wir.

Das Leben der Kleinen können wir nicht mehr zurückholen. Trösten kann uns die Erinnerung, wie sie das jüdische Gebet auf der vorherigen Seite eindrucksvoll beschreibt. Doch aus Erinnerung muss Ermahnung wachsen. Der Jude Jesus, dessen Geburtstag wir Heiligabend feiern, hat uns das göttliche Gebot hinterlassen, alles aus der Kinder-Perspektive zu sehen: »Wenn ihr nicht werdet wie die Kinder…« Wenn aus diesen Worten Taten werden, wäre schon viel gewonnen.

Über Weihnachten und den armseligen Beginn einer perfekten Botschaft

»Ausgerechnet an Weihnachten«, meinte meine Mutter, als sie mich vor ein paar Tagen überraschend aus dem Krankenhaus anrief. »Ausgerechnet an Weihnachten«, beklagt sich mein Vater, weil meine Mutter mit Herzproblemen in die Klinik musste und er mit seinen 87 Jahren nun allein in der Wohnung sitzt.

Ausgerechnet an Weihnachten ... Ja, Weihnachten ist eben kein Fest wie jedes andere. Es ist mehr als Geburts- oder Hochzeitstag, mehr als der längste Urlaub oder die meisten Brückentage. An diesem Fest zieht uns eine geheimnisvolle Energie in die Heimat. Wie ein Magnet wirken alte Traditionen und eingespielte Rituale selbst auf Leute, denen Familienfeste und Verwandschaftstreffen sonst ein Graus sind.

In Weihnachten steckt eine seltsame Kraft: Gefühle, die das ganze Jahr über verdeckt oder verdrängt waren, liegen plötzlich offen. Gefühle, die einen speziellen Rahmen brauchen, um sichtbar zu werden. Da nimmt man sogar den »Rand-Ärger« in Kauf, wie eine Kollegin dieses Phänomen nannte. Denn das gehört ja auch zum Ritual: Was sollen wir diesmal essen? War der Tannenbaum letztes Jahr nicht schöner? Hätten wir uns die Geschenke nicht sparen können? Häufigster Auslöser für den Weihnachtsstreit ist der Irrglaube, es müsste alles perfekt sein. Während draußen vom Himmel (hoffentlich!) der Schnee rieselt, soll drinnen im Wohnzimmer vollkommener Friede herrschen.

Doch das historische Christfest vor zwei Jahrtausenden war alles andere als perfekt. Maria pilgerte in hochschwangerem Zustand quer durch Israel zur Volkszählung, ihr Mann Josef wollte sie verlassen, weil das Kind nicht von ihm war. Kaum waren sie in Bethlehem, setzten die Wehen ein, aber für die Geburt des Kindes gab es weder ein Hotelzimmer noch eine Hebamme. Ein Stall wurde das erste Weihnachtszimmer. Eine Geschichte ohne Glanz und Gloria, die bis heute die Menschen bewegt, ganz gleich, wie sie zum Glauben stehen.

Jesus Christus, der Mann, nach dem wir die Jahre zählen, wurde in eine primitive Welt hineingeboren. Hirten, Menschen aus der Unterschicht, weder gewaschen noch rasiert, waren die ersten Gratulanten. Aber sie wussten, wer da zur Welt gekommen war, und hörten die Stimme der Engel, deren Botschaft aus dieser armseligen Geschichte die perfekte Freude machte.

Und irgendwie fühlt man sich bis heute angesprochen von der »großen Freude, die allem Volke widerfahren wird«. Plötzlich ist Weihnachten kein Datum im Kalender mehr, sondern eine Sache des Herzens.

Dieses Fest zu Hause oder mit Freunden zu feiern ist eine Lebensversicherung und der vielleicht letzte sichtbare Beweis, dass man sich gegenseitig hält, dass einem wenig passieren kann, weil es die Familie gibt. Deshalb freue ich mich auf Weihnachten. Alle Jahre wieder.